CONVITE À REFLEXÃO

ILUMINISMO: A REVOLUÇÃO DAS LUZES

Iluminismo:
A REVOLUÇÃO DAS LUZES

Maria das Graças de Souza e Milton Meira do Nascimento

discurso editorial

ILUMINISMO - A REVOLUÇÃO DAS LUZES
© Almedina, 2019
Publicado em coedição com a Discurso Editorial
AUTOR: Maria das Graças de Souza
COORDENAÇÃO EDITORIAL: Milton Meira do Nascimento
EDITOR DE AQUISIÇÃO: Marco Pace
PROJETO GRÁFICO: Marcelo Girard
REVISÃO: Roberto Alves
DIAGRAMAÇÃO: IMG3
ISBN: 9788562938245

Dados Internacionais de Catalogação na Publicação (CIP)
(Câmara Brasileira do Livro, SP, Brasil)

Souza, Maria das Graças de
Iluminismo : a revolução das luzes / Maria das
Graças de Souza, Milton Meira do Nascimento. --
São Paulo : Edições 70, 2019.

Inclui bibliografia
ISBN 978-85-62938-24-5

1. Filosofia 2. Filosofia moderna - Século 18
3. Iluminismo 4. Irracionalismo (Filosofia) 5. Razão
I. Nascimento, Milton Meira do. II. Título..

19-31252 CDD-149.709033

Índices para catálogo sistemático:

1. Iluminismo : Filosofia : Século 18 : História 149.709033

Maria Alice Ferreira - Bibliotecária - CRB-8/7964

Este livro segue as regras do novo Acordo Ortográfico da Língua Portuguesa (1990).

Todos os direitos reservados. Nenhuma parte deste livro, protegido por copyright, pode ser reproduzida, armazenada ou transmitida de alguma forma ou por algum meio, seja eletrônico ou mecânico, inclusive fotocópia, gravação ou qualquer sistema de armazenagem de informações, sem a permissão expressa e por escrito da editora.

Dezembro, 2019

EDITORA: Almedina Brasil
Rua José Maria Lisboa, 860, Conj.131 e 132,
Jardim Paulista I 01423-001 São Paulo I Brasil
editora@almedina.com.br
www.almedina.com.br

Sumário

Introdução	9
1 O racionalismo do século XVII	15
2 A razão ilustrada do século XVIII	37
3 A razão e a história	67
4 A razão intervém na história	83
5 As Luzes no Brasil	97
Conclusão	113
Bibliografia	116

Introdução

O conhecimento como ousadia

O século XVIII é comumente chamado de Século das Luzes. Para compreender o sentido da expressão, é necessário saber que durante esse século, segundo se acreditava na época, a razão teria atingido um tal estágio de desenvolvimento que tornava possível reduzir ou mesmo eliminar de vez toda ignorância humana. Podia-se estabelecer desse modo um novo mundo, fundado no conhecimento da verdade e na experiência da liberdade. E a razão seria justamente isso: uma luz que, uma vez acesa, afasta as trevas da ignorância e da servidão. Nesse mesmo sentido, o século é também denominado época da Ilustração, ou do Iluminismo.

O filósofo alemão Immanuel Kant (1724-1804), num pequeno texto de 1784 intitulado *O que é a ilustração*, afirma que a *ilustração* é a saída do homem da condição de menoridade, na qual é incapaz de se servir de seu entendimento de maneira autônoma.

Em outras palavras, como se fosse uma criança, o homem que age ou pensa apenas guiado por outros só chegará realmente à maturidade se vencer a covardia e o medo e tiver coragem de se libertar de seus tutores, para pensar e agir segundo sua própria razão. Esse movimento, por meio do qual passamos de uma menoridade dependente para uma condição de maioridade e de autonomia, é exatamente o que Kant chama de ilustração.

Mas é claro que essa passagem à maioridade não é facilmente obtida. É muito mais cômodo, por exemplo, aconselhar-se com um padre, para dirigir a consciência, ou pedir ao médico que controle a nossa dieta. Assim, não será preciso preocupar-se com nada. É por isso que, como diz Kant, há tanta gente paga para orientar e dirigir os outros. Aliás, interessa a essas pessoas – que se apresentam como guias – que todos considerem muito difícil pensar e agir por si mesmo, para que elas possam continuar a ter poder sobre os demais. Desse modo, impedem que seus tutelados se atrevam a dar qualquer passo sozinhos, sem sua ajuda. Ora, continua Kant, não há perigo algum em andar com as próprias pernas. Mesmo que algumas vezes levemos um tombo, só tentando é que aprendemos a caminhar. Basta ter coragem. Tenhamos então a coragem de nos servir de nosso próprio entendimento. "Ousar saber": este é o lema da Ilustração.

Essa reflexão de Kant não se aplica apenas, é claro, a cada homem em particular, mas também à humanidade em geral. Ao se perguntar se seu próprio tempo é ou não uma época ilustrada, Kant responde: falta ainda muito para que os homens deste tempo possam servir-se de seu próprio entendimento sem a ajuda de tutores. Mas já temos sinais de que pouco a pouco são menores os obstáculos que impedem nossa entrada na maioridade. Assim, ele vê seu século não como uma época ilustrada, mas como a era da Ilustração, favorável ao crescimento intelectual e moral dos homens.

Os inimigos da razão

Quais são os obstáculos de que fala Kant e que impedem os homens de saírem da menoridade? Quais são esses inimigos do uso autônomo da razão?

Em primeiro lugar, o que se opõe à razão é a força da *tradição*. Costumamos pensar que tudo aquilo que foi aceito durante muito tempo por muita gente deve ser tomado como verdadeiro. Ora, o consentimento de todos em torno de uma opinião qualquer, por si só, não dá a essa opinião nenhuma garantia de verdade. Portanto, tudo aquilo que a tradição nos legou como certo e verdadeiro precisa ser examinado com cuidado, e não ser simplesmente aceito sem contestação.

Outro obstáculo ao livre exercício da razão é a autoridade da *religião*. As verdades religiosas costumam se apresentar como dogmas, dos quais não se pode duvidar, sob pena de incorrer em pecado e punição.

Elas devem ser aceitas mesmo quando nos parecem incompreensíveis. No entanto, se se exige de nós que acreditemos em algo sem pedir nenhuma explicação racional, na verdade o que se quer é que submetamos nossa razão à autoridade religiosa. Isso significa permanecer numa condição de obediência cega, ou de menoridade do espírito. O homem ilustrado deve investigar racionalmente mesmo as verdades religiosas, e só dar seu consentimento àquelas que sua razão puder compreender. Caso contrário, estará agindo como uma criança a quem os pais dizem "É assim e pronto", e ela tem de aceitar.

A razão deve lutar ainda contra outro inimigo, o *fanatismo*. O fanático é um homem que tem tanta certeza sobre suas próprias opiniões que nem se dá ao trabalho de saber se elas são verdadeiras ou não. E não para aí. Convencido de que sua opinião é a única verdadeira, não pode aceitar que outras pessoas pensem de modo diferente. O fanático é intolerante e, se pudesse, obrigaria todo mundo a pensar como ele, até recorrendo à força. O fanatismo manifesta-se principalmente nos domínios da religião e da política. É por causa do fanatismo religioso que, ainda no século XVIII, os protestantes eram discriminados em países católicos, e os católicos perseguidos em países protestantes. Mesmo hoje em dia, lutas e muito sofrimento ainda decorrem de questões religiosas. Basta lembrar, por exemplo, os conflitos sangrentos entre facções muçulmanas, ou a oposição entre católicos e protestantes na Irlanda. E, sem ir muito longe, podemos lembrar um episódio recente aqui no Brasil, no qual um representante de determinada seita, diante das câmeras de televisão, deu um pontapé numa imagem de Nossa Senhora Aparecida, um dos símbolos da religião católica no Brasil.

E quanto ao fanatismo político, a existência até hoje de regimes que exercem a censura, o autoritarismo e mesmo a tortura contra os cidadãos que discordam dessa situação é uma prova de que não estamos falando de problemas do passado.

Por fim, um grande adversário do uso livre da razão é a ignorância. É ela que mergulha os homens no medo. Os homens primitivos tinham medo do trovão porque ignoravam as causas desse fenômeno da natureza. Do mesmo modo, nós hoje também tememos o desconhecido. Só a razão, ao nos oferecer a verdadeira explicação das coisas, pode nos tirar da ignorância e nos libertar do medo.

O Iluminismo, ou Ilustração, foi, enfim, um sistema de ideias do século XVIII que se difundiu por toda a Europa, sendo elaborado por filósofos, escritores, artistas, e que se caracterizou pela defesa da autonomia da razão contra os argumentos da tradição e da autoridade. Para os pensadores iluministas, a razão deve penetrar em todos os domínios do saber e da atividade dos homens, a fim de destruir os preconceitos, o obscurantismo, a ignorância. Assim definido, o Iluminismo é um movimento de ideias essencialmente libertário, cujo objetivo principal consiste em libertar os homens de qualquer espécie de servidão, seja ela religiosa, moral ou política.

Evidentemente, esse movimento não surgiu abruptamente no século XVIII. Desde a Antiguidade, já havia pensadores que levantavam questões semelhantes às dos iluministas. O momento inicial de qualquer movimento importante na história, capaz de realizar transformações profundas, não é fácil de demarcar. Poderíamos passar em revista vários filósofos, desde a Antiguidade clássica até a época do Renascimento e, certamente, encontraríamos traços dos conceitos e valores que foram a marca registrada do século XVIII. No entanto, vamos limitar-nos ao período mais próximo da época do Iluminismo, lembrando alguns autores do século XVII cujas ideias e teorias foram marcantes para a afirmação do ideário da Ilustração.

1
O racionalismo do século XVII

O século XVII, também chamado de o Grande Século, teve nomes ilustres como Galileu, Francis Bacon, John Locke, Descartes, Hobbes e Newton, na filosofia e nas ciências, e Molière, Racine e Corneille, no teatro e na literatura, para ficarmos apenas com alguns dos pensadores e artistas mais famosos. No plano político, sem dúvida, o acontecimento mais importante foi a vitória da Revolução Gloriosa, na Inglaterra, em 1689.

A Revolução Gloriosa foi o desfecho de um longo processo de luta da sociedade inglesa, reunida em torno do Parlamento, contra o absolutismo dos reis Stuart. Em 1649, o rei Carlos I, derrotado pelo exército do Parlamento dirigido por Oliver Cromwell, foi executado. Cromwell, representante da pequena burguesia puritana, fundou a República, que liderou com plenos poderes até a morte, em 1658. Restaurada a monarquia, a luta contra o absolutismo só terminou com o afastamento do rei Jaime II em 1689 e a proclamação dos poderes do Parlamento, na Revolução Gloriosa. Entre as prerrogativas do Parlamento estavam a aprovação dos membros do Conselho Real, a criação de novos impostos, a aprovação da declaração de guerra e o reconhecimento do direito de sucessão dinástica segundo os interesses da nação inglesa e da religião anglicana.

A afirmação do Parlamento diante da monarquia foi, na verdade, o sinal de que um novo tipo de sociedade estava nascendo. Era importante marcar a independência da sociedade civil, fortalecida pelo desenvolvimento da atividade comercial, bem como pela iniciativa dos empresários que começavam a desenvolver a indústria. Nesse quadro, cabia ao monarca representar a nação inglesa, ser seu porta-voz, mas, em hipótese alguma, sobrepor-se a ela.

Começava a firmar-se na época a ideia de que a única autoridade que merecia esse título era a dos indivíduos proprietários, os criadores da riqueza da nação. Os monarcas e as autoridades religiosas deveriam apenas corroborar o esforço dos "gigantes" da era moderna.

Rumo à maioridade

Vemos, assim, surgir uma nova categoria de indivíduos, os empreendedores livres, homens de negócios independentes, que buscavam apoio dos poderes locais e a bênção das autoridades religiosas. Pouco a pouco vão ganhando tal força que já não precisarão nem dos monarcas nem dos papas, mas apenas do que tiverem conseguido alcançar e acumular por sua independência e ousadia.

Emancipação do indivíduo, emancipação da razão, enfim, maioridade para os homens, que podem agora proceder como Deus na criação: podem criar um novo mundo a partir de sua própria vontade. Pela razão, o homem poderá dominar a natureza, dirá Descartes. Pela razão, podemos encontrar a verdade nas ciências. Podemos demonstrá-la pelo cálculo geométrico. Podemos construir a ciência da moral e do direito e interpretar as sagradas escrituras livremente, dirá Hobbes. Pela razão, podemos adquirir a propriedade, trabalhando diligentemente a terra e colhendo os frutos que tivermos plantado, dirá John Locke. Se Deus continua reconhecido como criador, doravante os homens não mais poderão culpá-lo pelos males que afligem a humanidade. A razão lhes dará a possibilidade de superar todos os obstáculos e de construir a felicidade com o próprio esforço.

Esse movimento de libertação que se desenvolve em vários planos diferentes – político, econômico, científico, religioso – não ocorre de maneira harmônica e simultânea. Podemos detectar o mesmo espírito de emancipação em cada um desses setores em épocas diferentes e elaborado teoricamente nos autores citados acima, de maneiras bastante diversas.

Cada um desses autores percorre caminhos diferentes e parte de pressupostos por vezes até antagônicos. No entanto, nos vários ramos do saber em que ousaram penetrar apenas com suas próprias luzes, criaram um estilo de vida, um modo de proceder em relação às ciências, à religião, à política, ao direito e à moral que será fundamental para a consolidação do saber dos pensadores do século XVIII.

Entre o racionalismo (1) de Descartes, que chega a afirmar o inatismo (2) de certas ideias, e o empirismo (3) de Locke, que sustenta que todas as ideias são resultado da experiência, há uma distância enorme. O que os une, no entanto, é o procedimento sistemático de fazer o mundo girar em torno da razão.

Dentre os autores que contribuíram decisivamente para o amadurecimento da ideia de uma emancipação total da razão diante da tradição, vamos destacar Descartes, Francis Bacon Newton e John Locke.

Descartes, a dúvida e a certeza

Descartes é o filósofo que põe em questão as verdades da tradição escolástica (4) e tenta reconstruir as ciências, a metafísica e a religião a partir da investigação rigorosa da razão. A crítica à tradição e às ideias até então comumente aceitas exige, em contrapartida, a necessidade de encontrar novas certezas, a partir das quais se possam novamente estabelecer as verdades sobre o homem, o mundo e Deus.

Para isso, será necessário recorrer a um método seguro de investigação, que se resume nos seguintes pontos: a) só devemos aceitar como verdadeiro o que se apresentar para nós de maneira clara e distinta, de tal modo que não haja nenhuma condição para a dúvida; b) devemos dividir as dificuldades em várias parcelas, para que se tornem claras e distintas, até a solução do problema; c) nossos pensamentos devem ser ordenados, dos mais simples aos mais complexos; d) devemos fazer revisões e enumerações para termos certeza de que nenhum dos aspectos do problema foi esquecido.

De posse desse método, devemos começar nossa investigação de tal modo que só afirmaremos como verdadeiro o que resistir ao processo metódico da dúvida. Assim, se começarmos por duvidar das verdades recebidas da tradição, o que irá restar? O que poderá resistir à dúvida?

Pôr em dúvida as verdades recebidas da tradição é não aceitar como verdadeiro nada daquilo que pensamos. Mas, de uma coisa poderemos estar certos: ao duvidar, estamos exercitando o nosso pensamento na dúvida. Disso, não poderemos duvidar. Eis aqui o ponto de apoio, a alavanca arquimediana (5) de Descartes. Se duvidamos, pensamos, portanto, nossa primeira certeza é a afirmação de que existimos enquanto seres pensantes. Descartes sintetiza essa ideia na expressão "Penso, logo existo". Isso é tão claro e evidente que não poderemos continuar nossa dúvida indefinidamente. Alguma coisa resistiu à dúvida, portanto.

Descoberto o continente do sujeito que duvida, que pensa, resta-nos agora a tarefa de reconstruir as verdades sobre o mundo, sobre o homem e sobre Deus. A partir de agora, tudo o mais deverá girar em torno desse sujeito que pensa, a razão será o ponto de partida para o conhecimento do mundo exterior e, mais do que isso, será o ponto de partida para criarmos os instrumentos necessários para dominar a natureza.

A descoberta das leis da natureza

Considera-se que foi no século XVII que surgiu o que nós chamamos de *ciência moderna*. Quais são as características desse moderno conhecimento da natureza, que o tornaram diferente do saber dos séculos anteriores?

De maneira geral, podemos apontar três traços fundamentais da ciência moderna. Em primeiro lugar, o antigo sistema *geocêntrico* (6) foi substituído pelo sistema *heliocêntrico* (7). Esta substituição acarretou uma série de consequências importantes, das quais viremos a falar. Em segundo lugar, passou-se a atribuir à *experiência* um papel fundamental na descoberta das leis da natureza, papel que lhe foi negado pela ciência até o período medieval. Por último, uma característica fundamental da ciência que surge no século XVII é o que podemos chamar de a *matemati-*

zação do espaço, que cria a possibilidade não apenas de expressar as leis naturais em linguagem matemática, mas sobretudo de poder esperar da investigação científica uma certeza tão rigorosa quanto a que é dada pelo método matemático.

Vamos analisar cada uma dessas características.

Nova cosmologia

Na Idade Média, o Universo é representado como finito e fechado, composto de círculos concêntricos cada vez mais amplos. No centro desses círculos, está a Terra, imóvel. Em torno dela, cada um em sua esfera, giram a Lua, o Sol, os planetas e as estrelas. Além disso, considera-se que a Terra, lugar da mudança e da transformação, é de natureza inferior à dos astros, que são imutáveis e perfeitos. Para o homem medieval, portanto, a ordem do Universo é uma ordem hierárquica, ou seja, os lugares ocupados pela Terra e pelos outros astros correspondem a graus de perfeição.

Na verdade, essa visão hierárquica do Universo deve ser interpretada de dois pontos de vista. Em primeiro lugar, a Terra aparece dotada de um grau de perfeição menor que o dos outros astros. Quanto mais nos afastamos deste centro, mais nos aproximamos da perfeição dos céus, morada de Deus e dos santos. De outro lado, apesar de ser lugar de imperfeição e de mudança, a Terra é o centro do universo: é nela que Deus colocou o homem e lhe entregou o domínio da natureza; é ela também o lugar da encarnação e da redenção operadas por Jesus Cristo.

Na visão moderna, o Universo é indefinido e aberto. Além disso, inverte-se a situação da Terra: ela se move em torno do Sol, assim como os outros planetas do sistema solar. A consequência mais notável dessa nova visão do Universo é que não se considera mais que a Terra tenha uma posição hierarquicamente diferente da dos demais astros. Ao contrário, afirma-se que tanto a Terra quanto os outros planetas e as estrelas são exatamente da mesma natureza, obedecendo às mesmas leis. Mais ainda, essa nova cosmologia (8) permite conceber o Universo não apenas com um único centro, mas possivelmente com diversos.

Essas consequências, extraídas da concepção heliocêntrica, permitiram o estabelecimento da moderna astronomia. Para isso, foi fundamental a contribuição de Galileu. Tendo aperfeiçoado o telescópio, ele fez observações sobre as crateras da Lua e as manchas solares. Se a Lua tem irregularidades em sua superfície e se o Sol apresenta manchas, isso quer dizer que não podem ser considerados, como faziam os antigos, como esperas perfeitas; são, portanto, exatamente como a Terra. Assim, chega-se à conclusão de que não é verdadeira a ordem hierárquica de perfeição entre os astros afirmada pela antiga cosmologia. Se a Terra e os outros astros são da mesma natureza, as leis que forem estabelecidas para os fenômenos terrestres serão as mesmas que regulam os fenômenos celestes. Abre-se assim espaço para uma nova investigação, baseada na observação.

Em 1610, Galileu publicou um pequeno livro chamado em latim de *Nuntius sidereus*, que significa "mensagem das estrelas", e que trazia o seguinte subtítulo: *A mensagem das estrelas, desvendando grandes e muito admiráveis espetáculos, e convidando à sua contemplação a todos, especialmente filósofos e astrônomos, tais como foram observados por Galileu Galilei, nobre florentino professor de matemática na Universidade de Pádua, com o auxílio de um óculo astronômico, há pouco inventado por ele, na superfície da Lua, em inúmeras estrelas fixas, na Via Láctea, em nebulosas e sobretudo em quatro planetas que giram em torno de Júpiter em diferentes distâncias e períodos, os quais ninguém conhecia antes de o autor havê-los descoberto recentemente, e que decidiu chamar de astros medíceos.*

A obra causou grande polêmica. Houve mesmo quem dissesse que o telescópio criava ilusões, deformava o que mostrava, e que tudo o que o cientista afirmava sobre os astros era mentira. Isso ocorreu porque, para aceitar as novas descobertas, não bastava olhar através da luneta. Era preciso antes desfazer-se da antiga visão do mundo, para a qual essas observações eram absolutamente inassimiláveis. O uso da observação exigia uma libertação prévia das antigas crenças.

Galileu é considerado o fundador da moderna ciência da natureza. Nasceu em Pisa, na Itália, em 1564. Formulou a lei da queda dos corpos, inventou o termômetro e aperfeiçoou a primeira luneta astronômica, com o auxílio da qual observou as crateras da Lua, as manchas solares o os satélites de Júpiter. Por defender o sistema heliocêntrico (que tem o Sol como centro e não a Terra) foi condenado pela Igreja como herético. Foi obrigado a abjurar seus escritos pela Inquisição, tribunal criado pela Igreja católica para julgar os hereges, ou seja, todos aqueles que manifestassem opiniões diferentes da doutrina eclesiástica ou se voltassem contra ela. Os tribunais da Inquisição condenaram à morte, em geral na fogueira, centenas de pessoas na Europa. Também atuaram nas colônias da América. Conta-se que durante a cerimônia de abjuração, de joelhos como mandava o ritual, Galileu dizia em voz alta que renegava as suas ideias (aceitando, por exemplo, que a Terra era imóvel no centro do Universo), mas que, em voz baixa sussurrava: "*E pur se muòve*" ("E no entanto ela se move"). Suas principais obras são *A mensagem das estrelas, Discursos e demonstrações matemáticas sobre as duas novas ciências, Diálogo sobre os dois máximos sistemas do mundo, O ensaiador*. Morreu em 1642, completamente cego.

Antes de Galileu, Francis Bacon havia afirmado que os homens não devem ficar desesperados diante da falta de explicação para os fenômenos do Universo. Pela força criadora de sua inteligência, eles precisam ousar correr o risco da experiência e, desse modo, com muita investigação e esforço, chegarão a adquirir o poder sobre a natureza, que lhes é dado pelo conhecimento. Deverão, antes de mais nada, submeter à experiência aquelas verdades que até então eram tidas como definitivas simplesmente porque provinham das autoridades religiosas e políticas. Além disso, não basta recorrer à experiência de qualquer maneira: é preciso desenvolver um método experimental muito cuidadoso, de tal modo que a verificação seja feita da melhor maneira possível, sem que nenhum caso particular deixe de ser levado em consideração. Bacon nasceu em Londres em 1561. Foi chanceler da Inglaterra sob o reinado de Jaime I. É considerado um dos criadores do método experimental nas ciências naturais. Afirmava que o método científico devia ser independente tanto da autoridade da tradição quanto da teologia. Sua obra mais importante é *Novum Organum*. Morreu em 1626.

A matematização do espaço

Além da mudança na visão do universo e da valorização da observação e da experiência, outra característica fundamental da ciência moderna é a matematização do espaço. Para os antigos, o espaço é qualitativo. Em outras palavras: os corpos se situam no espaço segundo sua natureza ou suas qualidades, que os levam a "procurar" o repouso em seus lugares naturais. Assim, Aristóteles (século IV a. C.) dizia que os corpos leves sobem porque seu lugar natural é o alto, e os corpos pesados caem porque seu lugar natural é embaixo. Para a ciência moderna, o mais importante é saber como os corpos caem, em que velocidade, etc. Desse modo, a ciência deve descrever relações entre os fatos e expressar essas relações em linguagem matemática. Aliás, para Galileu, a matemática é a linguagem apropriada para descrever os fatos naturais exatamente porque Deus, grande geômetra, ao criar o mundo, organizou-o matematicamente. Portanto, quem quiser ler o livro do mundo deve conhecer a língua em que ele foi escrito e suas letras, que são números, triângulos e círculos.

Em sua obra *Discursos e demonstrações matemáticas sobre as duas novas ciências*, Galileu assinalou que, embora diversos e volumosos livros tivessem sido escritos sobre o movimento, muitas de suas propriedades ainda permaneciam desconhecidas. Por exemplo, sabia-se que o movimento natural dos corpos em queda livre se acelera continuamente. Mas isso não bastava. Era preciso conhecer qual a proporção dessa aceleração. Também se observou que os projéteis, quando são lançados, descrevem uma curva em sua trajetória. Mas ninguém ainda tinha dito que essa trajetória é uma parábola. É exatamente isso que deve fazer a ciência, segundo Galileu: expressar os fenômenos através da linguagem rigorosa da matemática.

A obra de Isaac Newton, matemático, astrônomo, físico e filósofo inglês nascido em 1642 no final do século XVII, veio sistematizar a mecânica clássica e universalizar a concepção de ciência inaugurada por Galileu. Newton mostrou que a regularidade dos fenômenos naturais se estende a todo o Universo, e não apenas a alguns fenômenos particulares. *Princípios matemáticos da filosofia natural*, publicada pela primeira vez em 1687, é de fato a primeira sistematização da física moderna, reunindo num mesmo conjunto a mecânica de Galileu e a astronomia de Kepler, astrônomo alemão nascido em 1571, cujas observações sobre as órbitas dos planetas foram utilizadas por Newton para enunciar o princípio da gravitação universal. Segundo este princípio, "matéria atrai matéria na razão direta de suas massas e na razão inversa do quadrado das distâncias". Desse modo, um único princípio geral pode explicar os movimentos locais dos corpos na Terra, a órbita dos planetas, a trajetória dos cometas. Newton morreu em 1727. Voltaire, que na ocasião estava exilado na Inglaterra, assistiu a seus funerais e mais tarde foi o principal divulgador de seu pensamento na França.

Grande foi a repercussão da descoberta de Newton, do ponto de vista das perspectivas que daí em diante se abririam para a investigação da natureza. A razão humana, libertada do peso da autoridade e da tradição e dirigindo a experiência, mostrava que podia, com seus próprios recursos, revelar os segredos do mundo. A natureza, antes envolta em mistérios, podia ser desvendada: suas leis eram acessíveis à racionalidade humana. As leis naturais que ainda não tinham sido descobertas viriam a sê-lo num futuro próximo, bastando que para isso os homens se empenhassem a fundo.

Conhecimento e emancipação do indivíduo

Mais um pensador inglês merece destaque entre essas figuras ilustres: John Locke, filósofo inglês nascido em 1632. Ao contrário de Descartes, que afirmava que possuímos certas ideias inatas, Locke dirá que todas as nossas ideias provêm das impressões sensoriais. A mente humana é como um papel em branco, que vai sendo preenchido à medida que entre em contato com as coisas do mundo exterior. As crenças, a moralidade, tudo isso, segundo Locke, é produto do meio em que o homem vive. Porém, ele não é um ser passivo, que recebe as impressões do exterior e pronto. Ao contrário, sua mente vai trabalhar todo esse material, vai refletir sobre ele, até que suas ideias possam adquirir maior clareza. Em relação às ideias recebidas de outros homens, das autoridades eclesiásticas, científicas e políticas, é preciso refletir muito e não simplesmente aceitá-las sem discussão.

Razão e verdade

Enquanto Newton abria as portas para o conhecimento das leis da natureza, Locke iria assentar as bases para o conhecimento das leis do entendimento humano. Para ele, o importante é perguntar de que maneira adquirimos as ideias das coisas. E, para responder a isso, é fundamental que os homens se ponham a investigar por si mesmos, tendo como único instrumento a própria razão.

Na primeira parte do *Ensaio sobre o entendimento humano*, em que desenvolve sua teoria sobre a natureza e os limites dos conhecimentos, Locke estabelece as condições do progresso de nossos conhecimentos da seguinte maneira: é preciso ir à fonte, ou seja, "ao exame das próprias coisas". Deve-se também investigar a verdade "segundo nossos próprios pensamentos, em vez de seguirmos os dos outros homens". Quanto mais conhecermos a verdade e a razão por nós mesmos, mais nossos conhecimentos serão reais e verdadeiros. As opiniões dos homens não podem interferir em nossa investigação apenas porque temos respeito pelo nome de autores antigos. Mesmo que as opiniões dos homens célebres sejam verdadeiras, é certo que empregaram sua própria razão para descobri-las, e é isso que nós também devemos fazer. A recompensa da busca pessoal da verdade é inigualável. Afirma Locke no *Ensaio*:

> "Todo aquele que, tendo formado o desígnio de não viver de esmola, isto é, de não repousar preguiçosamente sobre as opiniões tomadas de empréstimo ao acaso, colocar seus próprios pensamentos em movimento, para encontrar e

abraçar a verdade, experimentará a alegria nesta busca, seja o que for que encontrar".

Essa espécie de manifesto em favor do uso autônomo da razão explica o apreço que, no século seguinte, os filósofos iluministas teriam pelas ideias de Locke.

Razão, propriedade e liberdade

No plano político, ou seja, no da vida em comunidade política, Locke deixa muito claro, no *Segundo tratado sobre o governo civil*, que o fim de toda associação política é a preservação da propriedade. Mas a propriedade é muito mais do que o conjunto dos bens que cada um possui. Ela é também a vida, a liberdade e a força de que cada pessoa dispõe para adquirir o necessário à subsistência. Aqui também, em lugar de nos colocarmos nas mãos de outros homens, ou nas mãos de alguma providência divina, será imprescindível trabalhar com nossas próprias forças para adquirir aquilo de que precisamos para viver. Tudo o que se adquire pelo esforço próprio, com o trabalho, pode ser considerado legitimamente propriedade de quem trabalhou.

Na vida em sociedade, os homens, enquanto indivíduos dotados de razão, talento e força suficientes para trabalhar, têm a obrigação de acrescentar às coisas a marca do seu trabalho – sob pena de não serem considerados humanos, ou então de não fazerem jus à sua humanidade. Se Deus deu a todos a razão e os talentos para trabalhar, diz Locke, ninguém tem direito de ficar de braços cruzados. No *Segundo tratado* ele descreve com muita clareza o processo pelo qual os homens adquirem o direito de propriedade:

"Assim que a terra e todas as criaturas inferiores pertençam em comum a todos os homens, cada um possui a propriedade de sua pessoa; sobre esta ninguém tem qualquer direito, a não ser ele mesmo. Podemos dizer que o trabalho de seu corpo e a obra produzida por suas mãos são propriedade dele. Seja o que for que retire do estado em que a natureza o colocou e deixou – e ao qual tenha misturado o próprio trabalho e ao qual tenha acrescentado algo que lhe pertence –, isso se torna propriedade dele. Ao remover esse objeto do estado comum em que a natureza o colocou, por intermédio desse trabalho adicionou-lhe algo que exclui o direito comum de outros homens. Pois, sendo esse trabalho propriedade inquestionável do trabalhador, nenhum outro homem, exceto ele mesmo, pode ter direito ao que alguma vez acrescentou pelo seu trabalho, pelo menos quando houver o bastante e de boa qualidade em comum para outros" (*Segundo tratado sobre o governo civil*, parágrafo 27).

Desse modo, a fruta que o índio colhe na floresta e o peixe que apanha no rio transforma-se em propriedade dele, porque teve o trabalho de adquiri-los para si. Essa é a lei da razão para o processo de apropriação. Há um consentimento tácito, entre todos os homens, de que quem trabalha tem o direito de usufruir do produto de seu trabalho, o qual, por isso mesmo, será legitimamente propriedade sua.

Estavam, assim, assentadas as bases para o grande movimento de afirmação da razão autônoma, que se realizaria plenamente no século seguinte. A ruptura com a tradição significava ruptura com as autoridades eclesiásticas e políticas. Em contrapartida, a afirmação do indivíduo e de sua razão autônoma, em todos os domínios – científico, econômico, religioso e político –, exigia também novos comportamentos. Por isso mesmo, a crítica à tradição iria iniciar o processo de desmoronamento do Antigo Regime, baseado no poder absoluto dos reis e nos privilégios da nobreza. Abria espaço para contestações políticas individuais ou coletivas, que reivindicavam sempre a necessidade da liberdade. Os pensadores do século XVII consideram que, tal como ocorre com as crianças, que ao entrar na adolescência reivindicam a independência dos pais, os homens também devem exigir o fim do regime de tutela.

A soberania popular

Segundo John Locke, a afirmação do indivíduo, detentor de sua força de trabalho, de seus talentos e de sua razão autônoma, como último responsável pelo processo de apropriação dos bens materiais e da produção da riqueza exigirá também, no plano político, a tomada de consciência de que se faz urgente a queda do Antigo Regime. Locke chega até a defender o direito de rebelião dos súditos contra os desmandos dos poderes constituídos, quando estes não cumprem a determinação fundamental para a qual foram investidos de poder: a preservação da propriedade, da vida e dos bens de cada cidadão.

Considerado o ideólogo do pensamento liberal, Locke confirma o povo como detentor do poder soberano, pois a sociedade, com suas leis, e os poderes constituídos só existem porque assim o povo decidiu por sua vontade livre. Os poderes constituídos devem ter por objetivo fundamental a preservação da vida, da propriedade e da liberdade de cada cidadão, porque foram escolhidos para isso. Qualquer desvio dessas funções dá ao povo a legitimidade de recuperar o seu poder originário, de mudar o governo e de punir os governantes infratores da lei fundamental da sociedade. Os governantes, quer façam parte do poder Legislativo, quer do poder Executivo, jamais devem colocar sua vontade e seus interesses particulares acima dos interesses e da vontade dos cidadãos, para os quais devem trabalhar.

Na chamada Revolução Gloriosa de 1688, John Locke deu apoio a Guilherme II de Orange, que subiu ao trono em 1689, inaugurando a era da monarquia constitucional na Inglaterra. No século XVIII, Locke seria sempre citado como um dos defensores da liberdade dos súditos contra os poderes absolutos da monarquia. Morreu em 1704.

O século XVII também ficou conhecido como o século das 3 maiores expressões da dramaturgia, os franceses Molière, Racine e Corneille. Molière, autor, diretor e ator de peças de teatro, nasceu em Paris, em 1622. Escreveu sobretudo farsas e comédias e era chamado por seus contemporâneos de "contemplador e pintor da natureza humana". Entre suas principais peças estão *Escola de mulheres*, *Tartufo*, *O doente imaginário*, *O misantropo*. Em sua carreira, foi protegido pelo rei Luís XIV. Morreu no palco, enquanto interpretava *O doente imaginário*, em 1673. Racine, poeta, nascido em 1639, em La Ferté-Milon, dedicou-se a compor tragédias no modelo clássico. Seus personagens envolvem-se em situações difíceis, das quais saem vitoriosos por suas qualidades quase sobre-humanas. Suas principais peças são *Andrômaca*, *Ifigênia*, *Fedra*, e algumas de fundo religioso, como *Atalie* e *Ester*. Morreu em 1699. Corneille, considerado o principal criador da arte dramática francesa, nasceu em 1606, em Rouen. Suas mais belas peças são *O Cid, Horácio, Cina, Polieuto, Átila*. Seu teatro é psicológico, descrevendo os dramas interiores dos personagens. Os heróis são humanos e valentes, movidos por grandes paixões. Morreu em 1684.

Notas

1. Racionalismo
Doutrina sobre a origem e natureza do conhecimento, segundo a qual a razão, superior aos sentidos e independente deles, é a fonte primária do conhecimento verdadeiro.

2. Inatismo
Teoria segundo a qual algumas de nossas ideias nascem conosco, ou seja, são inatas e fazem parte de nossa estrutura mental. As ideias inatas se distinguem das ideias adventícias, isto é, daquelas que se originam da experiência sensorial.

3. Empirismo
Doutrina sobre a origem do conhecimento, que afirma que todas as ideias provêm dos sentidos. Opõe-se ao racionalismo.

4. Escolástica
Sistema filosófico predominante na Idade Média, cuja principal preocupação dizia respeito à relação ente a razão e a fé como fontes do conhecimento. Para os escolásticos, a razão deve submeter-se à fé, e, portanto, a filosofia deve submeter-se à teologia.

5. Alavanca arquimediana
Conta-se que o sábio grego Arquimedes costumava dizer: "Deem-me uma alavanca e um ponto de apoio e eu moverei o globo terrestre". Descartes lembra a alavanca de Arquimedes dizendo que, se ele tivesse, no conhecimento, um firme ponto de apoio, poderia em seguida conhecer qualquer outra coisa. Esse ponto será para Descartes o conhecimento de si mesmo como ser pensante.

6. Sistema geocêntrico
Sistema astronômico segundo o qual a Terra é o centro do Universo, em torno do qual giram todos os outros planetas. O sistematizador do geocentrismo foi o astrônomo grego Ptolomeu, do século II de nossa era.

7. Sistema heliocêntrico
Sistema astronômico segundo o qual os planetas giram em torno do Sol. O formulador do heliocentrismo é o astrônomo polonês Nicolau

Copérnico, nascido em 1473. O sistema copernicano recebeu a adesão de Galileu, cujas observações contribuíram para que pudesse ser demonstrado cientificamente.

8. Cosmologia
Da palavra grega *cosmos*, que significa universo ordenado; é uma parte da filosofia que estuda os conceitos gerais que explicam o universo, como espaço, tempo, movimento, força, etc.

2

A razão ilustrada do século XVIII

Uma das características principais da filosofia das Luzes é o duplo papel que atribui à razão. Em primeiro lugar, a razão é o instrumento natural do homem na descoberta da verdade. É ela que nos permite construir um corpo de conhecimentos verdadeiros a respeito das coisas que desejamos conhecer. Era essa a ambição de Descartes, e os filósofos iluministas são nesse aspecto herdeiros do cartesianismo. Estamos aqui diante do que se pode chamar de a face positiva ou construtiva da razão.

Mas, para os pensadores iluministas, cabe à razão, mesmo antes da construção do saber, denunciar os falsos saberes que se apresentam como verdadeiros, mas que de fato não passam de opiniões; ou, o que é mais grave, constituem sistemas articulados de ideias que, muito longe de se preocupar com a verdade, são estabelecidos para servir a interesses velados.

A astrologia, por exemplo, se apresenta como um saber sobre a natureza e os homens. Os astrólogos afirmam que a posição dos astros tem uma influência decisiva no que acontece a uma pessoa e também em seu temperamento, em sua personalidade. Neste sentido, as escolhas de cada um não são resultado de sua liberdade, mas de uma série de influências sobre as quais ele não tem domínio – pois ninguém escolheu nascer sob este ou aquele signo.

Para os filósofos iluministas, é necessário saber que o movimento dos astros é regido por leis universais, absolutamente independentes do que acontece na vida dos homens. O fato de um homem nascer num ou noutro dia do ano não pode determinar o seu destino. É o próprio homem que, de acordo com sua liberdade, sua educação, as condições concretas em que vive, deverá orientar seu destino de tal forma que possa ser feliz. Não há razão para temer as influências nefastas de Saturno ou para esperar que Vênus nos faça felizes no amor. Enquanto esperamos a ajuda dos astros, a vida passa e nós permanecemos joguetes de ideias alheias.

A astrologia, portanto, é um falso saber, além de servir aos interesses daqueles que se apresentam como decifradores dos mistérios dos astros. Ela interessa também àqueles para os quais é importante que os homens tenham medo, pois homens amedrontados são mais fáceis de serem conduzidos.

Na época, outro gênero de saber que se apresentava como verdadeiro dizia respeito ao Estado e ao governo. A tradição do Antigo Regime afirmava que o poder dos reis era sagrado, pois vinha diretamente de Deus. É claro que, entendido desse modo, o poder real não podia ser posto em dúvida, qualquer que fosse a atitude do monarca. Obedecer ao rei era obedecer a Deus. Isso tornava os súditos passivos e obedientes, incapazes até de sonhar com a possibilidade de resistência aos ditames de um tirano.

É certo que esta doutrina tinha sido contestada desde o Renascimento por alguns filósofos mais ousados, e no século XVII tanto Hobbes quanto Locke mostraram que o poder político é coisa absolutamente profana, e diz respeito apenas às decisões dos homens. Mas foi no século XVIII que os ataques ao absolutismo real se aprofundaram. Os pensadores iluministas deram uma importância prioritária ao papel crítico da razão, que deve denunciar as ideias ou discursos que, por trás da pretensão à verdade, podem estar simplesmente ocultando as ambições de uns poucos.

Voltaire: a razão contra a "infame"

Voltaire foi sem dúvida um dos homens mais importantes da Ilustração francesa. Nasceu em 1694 em Paris e seu nome de batismo era Jean-Marie Arouet. Adotou não se sabe bem por que o nome de Voltaire. Estudou com os jesuítas e desde cedo revelou vocação para o espírito crítico e o estilo irônico. Iniciou sua carreira como poeta e dramaturgo, mas ao longo dos anos enveredou também por outros gêneros, como o conto, a historiografia, os diálogos, além de livros propriamente filosóficos. Esteve várias vezes preso por causa do que escrevia. Nos últimos vinte anos de vida retirou-se para a fronteira da Suíça, já que as autoridades francesas deixavam claro que se voltasse a Paris iria direto para a prisão. Só pôde voltar à cidade natural em 1778 e ali morreu no mesmo ano. Da sua imensa produção, podemos destacar o *Tratado de metafísica*, *O filósofo ignorante*, as *Cartas inglesas*, o *Ensaio sobre os costumes*, o *Tratado sobre a tolerância*, o *Século de Luís XIV*, a *História de Pedro, o Grande, da Rússia*, assim como os contos filosóficos, dos quais o mais famoso é *Cândido*. Sua produção intelectual estendeu-se por mais de metade do século – já que começou a escrever ainda jovem, em 1715, e continuou a publicar livros até o ano de sua morte. Essa longa carreira foi inteiramente dedicada a trabalhar para que os homens se tornem progressivamente mais esclarecidos, libertando-se dos preconceitos, da ignorância e do fanatismo. Considerava sua atividade de escritor como uma luta sem trégua contra esses inimigos, luta na qual os livros eram armas e as palavras os projéteis, lançados pela razão contra as falsas opiniões e a tolice dos homens. Considerava a escrita uma forma privilegiada de ação. Realizou, com seu trabalho incansável, a tarefa do intelectual engajado, como diríamos hoje em dia.

A partir de um certo momento de sua vida, na vasta correspondência que mantinha com amigos de todas as partes da Europa, Voltaire, em lugar de assinar as cartas com o próprio nome, escrevia: "Esmagai a infame". Os amigos, que o conheciam bem, entendiam que se tratava de um convite para que participassem com ele na sua batalha. Mas o que quer dizer a "infame"? Foi uma palavra escolhida por Voltaire para nomear tudo o que se opunha ao progresso das Luzes e à obtenção de uma vida mais feliz.

A "infame" é como um monstro de muitas faces. Uma delas, talvez a mais temível, se manifesta no fanatismo religioso, que pode ser comparado a uma febre violenta, que impede os homens de pensar com justeza, ou a uma gangrena que corrompe o espírito. O fanatismo levou a Europa às guerras de religião, às fogueiras da Inquisição, ao derramamento de sangue em nome de Deus. Ele gera a intolerância, que leva alguns homens a perseguir aqueles que pensam de modo diferente do seu. Detestável e causa de males sem fim, o fanatismo precisa ser varrido da face da terra.

Num texto escrito em 1762, Voltaire procura assinalar as características de um espírito fanático, os efeitos nefastos das ações inspiradas pelo fanatismo e os remédios que podem combatê-lo. É interessante observar o estilo forte e irônico, comum nos textos de Voltaire, e que lhe dão grande força persuasiva:

"O fanatismo está para a superstição assim como o delírio está para a febre. Aquele que tem êxtases, visões, que confunde os sonhos com a realidade, e as imaginações com profecias, e um entusiasta: aquele que sustenta sua loucura com assassinato é um fanático"[...]

"Há fanáticos de sangue-frio: são os juízes que condenam à morte aqueles cujo único crime é o de não pensar como eles. Estes juízes são tanto mais culpáveis e dignos de execração que, não estando num acesso de furor [...], parece que poderiam escutar a razão."

"Não há outro remédio para esta doença epidêmica a não ser o espírito filosófico, que, difundido pouco a pouco, ameniza enfim os costumes dos homens, e previne o acesso do mal. Pois, a partir do momento em que esse mal progride, é preciso fugir, e esperar que o ar seja purificado. As leis e a religião não bastam contra a peste das almas. A religião, longe de ser para elas um alimento salutar, transforma-se em veneno nos cérebros infectados [...]"

"As leis são impotentes contra o assédio da raiva; tudo se passa como se lêssemos um decreto do governo para um frenético. Estas pessoas estão persuadidas de que o Espírito Santo que habita nelas está acima das leis, e que sua paixão é a única lei que devem ouvir. O que posso responder a um homem que me diz que prefere obedecer a Deus do que aos homens, e que está certo de que ao me estrangular ele merecerá o céu?" (*Dicionário filosófico*, Verbete "Fanatismo")

O fanatismo da fé

Desde a Reforma religiosa do século XVI, que instituiu o protestantismo em alguns países da Europa, os franceses que haviam se convertido à religião reformada sofreram várias perseguições em seu país. O episódio mais violento foi a chamada Noite de São Bartolomeu, em 24 de agosto de 1572, quando milhares de protestantes foram assassinados por católicos em toda a França. Consta que todos os anos, no aniversário desse massacre, Voltaire ficava doente, com febre, só de se lembrar do que seus compatriotas tinham feito por motivos de religião. Na sua época não havia mais guerra religiosa, mas os protestantes franceses ainda estavam sujeitos a várias proibições e não gozavam de direitos políticos. Embora já não fosse explícita, a violência não havia desaparecido. É o que mostra o caso da família Calas, no qual Voltaire teve um papel fundamental.

Essa família protestante vivia na cidade francesa de Toulouse. Num dia de outubro de 1761, os pais descobrem um de seus filhos enforcados num dos quartos da casa. A polícia é chamada. Como costuma acontecer, forma-se uma multidão de curiosos do lado de fora. Do burburinho, surge a versão de que foram os próprios país que mataram o rapaz, porque dias antes ele tinha manifestado a intenção de se converter ao catolicismo. O boato corre, e em pouco tempo o morto é transformado em mártir do catolicismo. O casal é preso. Durante as investigações, manifestações populares pedem a condenação dos supostos assassinos. Fortemente pressionado pela opinião pública, o tribunal condena o pai à morte e a mulher e os outros filhos ao banimento. Os bens familiares são todos confiscados.

Desde o começo, quando soube da notícia, Voltaire desconfiou de que alguma coisa estava errada no processo. Começou então a pedir informações, até se convencer de que tinha diante de si um inacreditável erro judiciário, provocado pelo fanatismo dos católicos. A partir daí, não poupou esforços para desfazer o equívoco que tinha destruído uma família inteira.

Escreveu cartas a todas as pessoas importantes que conhecia, relatando o fato e pedindo sua interferência. Redigiu e fez distribuir panfletos nos quais mostrava que não era mais possível que os franceses ainda se deixassem levar por ódio e paixão contra os protestantes. Lamentava que o tribunal de Toulouse tivesse se deixado enganar pela fúria dos fanáticos. Finalmente, conseguiu que o processo fosse reaberto. Um novo julgamento do caso em Paris reconheceu o erro e reabilitou a família. Assim, Voltaire, com as armas que possuía – os livros, as cartas, os discursos –, conseguiu mostrar o perigo do fanatismo religioso e ao mesmo tempo impedir que pessoas inocentes fossem mais uma vez vítimas da cega paixão religiosa.

A superstição

Outra face da "infame" é a superstição. Filha da ignorância, a superstição não apenas faz os homens temerem o que não existe, como também os torna mais vulneráveis ao fanatismo. Como dizia Voltaire, por trás de todo supersticioso há um fanático que quer se aproveitar de sua tolice para dominá-lo.

Essa aliança entre a superstição e o fanatismo se manifesta, segundo Voltaire, desde a Antiguidade. Em todos os tempos os homens amaram os prodígios, acreditaram nos que diziam ler a sorte, confiaram em charlatães. É por isso que as sacristias estão cheias de relíquias, de pedaços da cruz de Jesus Cristo que se reunidas dariam muitas e muitas cruzes; pedaços de roupas dos santos supostamente milagrosos, imagens de santos que choram ou que sangram. É assim também que homens e mulheres abandonam a condução de suas vidas ao poder de falsos discursos, orientam suas decisões a partir de previsões de horóscopos e, o que é mais grave, se deixam explorar por aqueles que sabem aproveitar-se de suas tolas crenças.

Que bem, pergunta Voltaire, podem fazer essas superstições? Nenhum. Ao contrário, muitas delas podem fazer muito mal. É preciso, pois, aboli-las.

No *Dicionário filosófico*, Voltaire nos conta que todos os anos, numa capela de Paris, uma pequena multidão se reunia para se submeter a uma cerimônia de exorcismo. Iniciado o ritual, as pessoas sofriam convulsões e tremores, gritavam e esperneavam. Os que conduziam a cerimônia lhes apresentavam então uma cruz para ser beijada, e aí sim é que aumentavam os gritos e contorções. Para acalmar o diabo, era preciso oferecer algum dinheiro. Do lado de fora, homens armados ficavam a postos para evitar qualquer excesso, se é que o próprio ritual já não era um. Ainda hoje, duzentos anos depois, nós mesmos podemos ver cenas semelhantes, até pela televisão. "Ora", diz Voltaire, "que espetáculo mais indigno da natureza humana! É preciso denunciar esses charlatanismos, para que nos envergonhemos e nos corrijamos de uma vez!"

A "infame" reúne pois, na visão de Voltaire, todos os poderes obscuros que ameaçam a civilização: a ignorância – que gera a superstição –, o fanatismo e a intolerância. Contra eles, o combate deve ser sem trégua. A filosofia assume em Voltaire um papel eminentemente crítico. Cabe ao filósofo denunciar os erros, esclarecer a opinião pública, contribuir para a educação dos povos. O escritor ou o filósofo não pode trabalhar na solidão de seu gabinete, meditando sobre assuntos do interesse de poucos. Ao contrário, deve intrometer-se na vida comum dos homens, tomar partido em suas querelas, defender "a causa do gênero humano".

A tarefa é difícil. Escrevendo a um de seus amigos, Voltaire reclama que

> "a filosofia não penetra sempre nos grandes que ordenam, e menos ainda nos pequenos que obedecem. Ela é a partilha de homens situados no meio-termo, igualmente afastados da ambição que oprime e da baixa ferocidade que está a seu serviço".

Diderot e a Enciclopédia

Hoje em dia, o termo enciclopédia é conhecido por qualquer um, e pode ser definido como uma espécie de dicionário mais elaborado, mais extenso, contendo nomes próprios, fotos e ilustrações. Mas o sentido nem sempre foi apenas esse. A palavra começou a ser utilizada em francês e em inglês no século XVI, e em português e espanhol no século XVII. No sentido original grego, enciclopédia é o conjunto do saber humano em todos os domínios. Só mais tarde passou a designar uma obra escrita que organiza, em verbetes ou artigos, em ordem alfabética ou por temas, os vários campos do conhecimento.

Em meados do século XVIII, Denis Diderot foi convidado por um editor a organizar uma enciclopédia. De início, o projeto era pouco ambicioso. Tratava-se apenas de traduzir, adaptando quando necessário, uma enciclopédia inglesa que já existia. Contudo, começado o trabalho, aos poucos o projeto foi se modificando. Por sua natureza, a obra deveria apresentar um quadro dos conhecimentos humanos em todos os domínios e, desse modo, não poderia ser produzida por um só autor. Diderot, com a ajuda do matemático D'Alembert, convidou para participar do empreendimento artistas, filósofos, cientistas, médicos, teólogos. Quis contar também com a colaboração de artesãos, que deveriam contribuir com informações a respeito das técnicas, dos materiais e das máquinas necessárias às suas profissões.

No entanto, isso ainda não bastava. Comprometido com as ideias iluministas, Diderot julgava que sua enciclopédia deveria constituir um instrumento valioso na luta contra a ignorância, a superstição e o fanatismo. Dedicou-se a esse trabalho durante quase vinte anos, escrevendo, corrigindo, compilando, orientando os outros autores. Em 1766, foram publicados os últimos tomos da *Enciclopédia, ou dicionário raciocinado das ciências, das artes e dos ofícios, por uma sociedade de homens de letras*, complementada por cerca de três mil ilustrações, representando todas as atividades humanas.

Ao se definir o objetivo da obra, no verbete intitulado "Enciclopédia", Diderot diz que sua finalidade é reunir os conhecimentos esparsos sobre a terra, expor seu sistema geral aos homens de seu tempo e transmiti-lo às gerações futuras, a fim de que aquilo que foi realizado no passado não caia no esquecimento. Assim, tornando-se mais instruídos, os homens serão certamente mais virtuosos e mais felizes.

Desde a publicação dos primeiros volumes, a *Enciclopédia* de Diderot provocou dois tipos de reação. Da parte dos leitores, verificou-se logo um grande interesse. A tiragem inicial, cuja previsão era de 1550 exemplares, foi ampliada para dois mil após a saída dos dois primeiros tomos; o terceiro tomo já saiu com 3100 exemplares; a partir do quarto, foi necessário aumentar para mais de quatro mil, diante das novas encomendas. Levando em conta que o público leitor do século era reduzido (se comparado aos parâmetros atuais), a obra tornou-se em pouco tempo o que hoje chamamos de *best-seller*.

Da parte dos poderes estabelecidos, ou daqueles que detinham o monopólio da opinião, a *Enciclopédia* provocou reações de ira e indignação. Iniciou-se imediatamente uma campanha contra a obra, que foi sucessivamente condenada em Paris pela Universidade da Sorbonne, pelo Parlamento francês, que funcionava como uma espécie de tribunal, pelo Conselho Real e até pelo papa. Os documentos que anunciavam a condenação – que exigiam que fossem confiscados pela polícia todos os volumes já publicados e mesmo os originais em preparação – diziam unanimemente que se tratava de uma obra perigosa.

Isso não impediu Diderot de enfrentar todas as dificuldades para levar o empreendimento até o fim.

O que poderia haver numa enciclopédia que incomodasse tanto os poderosos da época? O decreto do Conselho Real da França, que havia condenado a obra logo após a publicação dos dois primeiros tomos, afirmava que

> "Sua Majestade reconheceu que se quis introduzir nesses dois volumes diversas máximas que tendem a destruir a autoridade real, estabelecer o espírito de independência e de revolta e, por trás de termos obscuros e equivocados, erigir os fundamentos do erro".

Sobre essa questão, leiamos um trecho do verbete "Autoridade política", da Enciclopédia, no qual Diderot estabelece a legitimidade do poder político a partir do consentimento mútuo dos homens que formam uma nação, rejeitando a doutrina do direito divino dos reis. Além disso, o texto sugere indiretamente que a rebelião contra os que se impuseram aos povos pela violência é uma rebelião legítima. Não admira que as autoridades da época se tivessem alarmado.

> "Nenhum homem recebeu da natureza o direito de comandar os outros. A liberdade é um presente do céu, e cada indivíduo da mesma espécie tem o direito de usufruir dela tão logo tiver o

uso da razão. Se a natureza estabeleceu alguma autoridade, foi apenas o poder paterno. Mas o poder paterno tem seus limites, e no estado de natureza ele termina quando os filhos chegam ao estado em que possam se conduzir por si mesmos. Qualquer outra autoridade vem de uma fonte que não é natural. Se examinarmos bem, veremos que a autoridade vem sempre de uma destas duas fontes: ou a força ou a violência daquele que se apropriou dela, ou o consentimento daqueles que se submeterem por meio de um contrato feito ou suposto entre eles e aquele a quem conferiram autoridade. O poder que se adquire pela força é uma usurpação, e só dura enquanto a força daquele que o comanda for maior do que a daqueles que obedecem. De sorte que se estes últimos vierem a se tornar mais fortes e sacudirem o jugo, eles o farão com tanto direito e justiça quanto o outro que se tinha imposto a eles."

De modo geral, os filósofos usam o termo despotismo para se referirem a um governo cujo poder não tem limites. O déspota é um governo que detém poder absoluto e governa segundo sua própria vontade. Consideram, contudo, que um déspota, mesmo governando segundo sua própria vontade, se for esclarecido e sábio, pode ser um modelo de bom governo. Conhecendo a natureza humana e a verdadeira natureza das coisas, o déspota esclarecido poderá instaurar em seu país a tolerância e a liberdade religiosa, destruir a servidão, instruir os povos e modernizar seu Estado.

Entre os monarcas europeus do século XVIII, Frederico II, da Prússia, e Catarina II, da Rússia, pareciam, aos olhos dos filósofos, encarnar esse ideal. Voltaire correspondia-se com ambos e chegou a passar uma temporada na corte prussiana. Diderot foi hóspede de Catarina em São Petesburgo. Mas os dois se decepcionaram. Frederico mostrou-se belicoso demais, e Catarina liderou a invasão da Polônia, que foi dividida entre a Prússia e a Rússia. Os pretensos déspotas ilustrados apropriaram-se de uma nação soberana e ali instalaram uma administração tirânica. Os filósofos então perceberam seu engano. Um déspota é sempre um déspota.

Na verdade, os editores da *Enciclopédia* entendiam a obra não apenas como uma grande compilação dos conhecimentos, mas sobretudo como uma espécie de manifesto filosófico da Ilustração. Os verbetes, em seu conjunto, apresentavam uma ruptura com os poderes políticos, com as ideias estabelecidas e com a autoridade intelectual, sobretudo do cristianismo. Isso era obtido através de estratégias extremamente hábeis. Uma delas consistia em só apresentar ideias pouco ortodoxas, ou que poderiam chocas as autoridades, em artigos cujo título dava a impressão de que se tratava de assunto sem importância, ou sem relação com a vida e os costumes dos europeus. Por exemplo: no verbete "Ypaina", eles descrevem e ridicularizam um ritual que os mexicanos realizavam em homenagem a seu deus Vitziliputzili. Nesse ritual – que ocorria uma vez por ano, no mês de maio – eles comiam um pão feito de mel e farinha de tribo e acreditavam com isso estar comendo o próprio deus. Há nele uma certa semelhança com a Eucaristia da tradição cristã.

Outra estratégia consistia nas remissões: o texto de um verbete recomendava a leitura de outro, em que eram dadas informações de outra natureza sobre o mesmo assunto. O leitor atento podia assim perceber nas entrelinhas que o que estava em questão não era o simples conteúdo dos artigos. Havia uma intenção deliberada de permitir um exercício crítico que progressivamente conduziria ao mundo do conhecimento verdadeiro e à recusa do conhecimento tradicional, feito de superstições e de preconceitos. É por isso que, aconselhando seus colaboradores, Diderot assinalava que "é preciso examinar tudo, remexer em tudo sem exceção e sem escrúpulo". Ao retraçar o mapa dos conhecimentos da época segundo os critérios determinados pela razão, ao examinar toda a atividade humana contemporânea pelas normas racionais, a *Enciclopédia* fornecia a seus leitores uma base para repensar o mundo. Denis Diderot nasceu em Langres, no interior da França, em 1713. Encaminhado inicialmente pelo pai à vida religiosa, fugiu para Paris, onde de início levou uma vida instável, fazendo traduções. Estudou na universidade de Paris, recebendo em 1732 o diploma de mestre em artes. Em 1746 redigiu os *Pensamentos filosóficos* e em 1749 a *Carta sobre os cegos para uso dos que veem*. Enquanto isso, juntou-se a D'Alembert para dirigir a publicação da *Enciclopédia*, cujo prospecto saiu em 1750. No ano anterior havia sido encarcerado em Vincennes, possivelmente por causa de algumas passagens da *Carta sobre os cegos*. Libertado depois de alguns meses, dedicaria quase vinte anos à organização da *Enciclopédia*, praticamente sozinho, já que D'Alembert havia abandonado o empreendimento. Continuou, contudo, a escrever suas próprias obras, entre as quais se destacam, além das já citadas, *Carta sobre os surdos para uso dos que ouvem*, *Pensamentos sobre a interpretação da natureza*, *Ensaio sobre Sêneca e Sonho de D'Alembert*, que não quis publicar, dado o teor materialista e mesmo ateísta do texto. Escreveu também peças de teatro e textos de teoria da arte, como *Ensaio sobre a pintura*, *Paradoxo do comediante* e *Salões*. Participou ativamente da redação de vários textos para a *História filosófica e política das duas Índias*, do abade Raynal. Morreu em Paris em 1784.

Montesquieu e a teoria da divisão dos poderes

Natural de Bordeaux, Montesquieu nasceu em 1689. Estudou direito em Bordeaux e depois em Paris. Em 1721 publicou as famosas *Cartas persas*, obra na qual, colocando em cena um suposto príncipe persa que visita a Europa, faz a crítica dos costumes morais, religiosos e políticos da França. Escreveu um ensaio para o verbete "Gosto" da *Enciclopédia* de Diderot. Publicou também *Considerações sobre as causas da grandeza dos romanos e sua decadência* (1734). Mas sua obra mais importante é sem dúvida *O espírito das leis*, de 1747, na qual investiga a natureza das leis positivas, isto é, estabelecidas pelas instituições políticas, em oposição às leis naturais, estabelecidas pela natureza. O livro exerceu profunda influência nos demais pensadores do século e nas instituições políticas da era moderna. Morreu em 1755. A teoria da separação dos poderes não era nova, já havia sido esboçada por outros pensadores antes, por Platão, Aristóteles e John Locke. O objetivo dessa proposta de separação dos poderes era o de impedir que o poder ficasse concentrado nas mãos de um só ou de um grupo apenas de pessoas. A importância de Montesquieu está em sistematizar de maneira mais precisa a divisão dos três poderes: o legislativo, o executivo e o judiciário. Está aí a base de sustentação dos regimes políticos que nos últimos anos adotaram a democracia representativa como sua forma de governo. Adepto da monarquia constitucional inglesa, Montesquieu trata da divisão dos poderes exatamente no capítulo XI, dedicado "às leis que formam a liberdade política em sua relação com a constituição". Segundo ele, "para que não se possa abusar do poder é preciso que, pela disposição das coisas, o poder freie o poder. Uma constituição pode ser de tal modo que ninguém será constrangido a fazer coisas que a lei não obriga e a não fazer as que a lei permite".

Vejamos no texto abaixo, nas próprias palavras do autor de *O Espírito das Leis*, como se esboça essa divisão e quais as justificativas para seu bom funcionamento, pois sua grande preocupação era mesmo a liberdade política:

"Há, em cada Estado, três espécies de poderes: o poder legislativo, o poder executivo das coisas que dependem do direito das gentes, e o poder executivo das que dependem do direito civil. Pelo primeiro, o príncipe ou magistrado faz leis por certo tempo ou para sempre e corrige ou ab-roga as que estão feitas. Pelo segundo, faz a paz ou a guerra, envia ou recebe embaixadas, estabelece a segurança, previne as invasões. Pelo terceiro, pune os crimes ou julga as querelas dos indivíduos. Chamaremos este último o poder de julgar e, o outro, simplesmente o poder executivo do Estado. A liberdade política, num cidadão, é esta tranquilidade de espírito que provém da opinião que cada um possui de sua segurança; e, para que se tenha esta liberdade, cumpre que o governo seja de tal modo que um cidadão não possa temer outro cidadão. Quando na mesma pessoa ou no mesmo corpo de magistratura, o poder legislativo está reunido ao poder executivo, não existe liberdade, pois pode-se temer que o mesmo monarca ou o mesmo senado apenas estabeleçam leis tirânicas para executá-las tiranicamente. Não haverá liberdade se o poder de julgar não estiver separado do poder legislativo e do executivo. Se estivesse ligado ao poder legislativo, o poder sobre a vida e a liberdade dos cidadãos seria arbitrário, pois o juiz seria legislador. Se estivesse ligado ao poder executivo, o juiz poderia ter a força de um opressor. Tudo estaria perdido se o mesmo homem ou o mesmo corpo dos principais, ou dos nobres, ou do povo, exercesse esses três poderes: o de fazer leis, o de executar as resoluções públicas, e o de julgar os crimes ou as divergências dos indivíduos" (*O Espírito das Leis*, capítulo XI)

Rousseau e os limites da razão

Jean-Jacques Rousseau, contemporâneo de Voltaire e Diderot, não compartilhava com eles do otimismo em relação aos benefícios do progresso da razão. Não que dissesse que o conhecimento verdadeiro e o desenvolvimento das artes e das ciências por si sós não fossem bons. No *Discurso sobre as ciências e as artes* e no *Discurso sobre a origem e os fundamentos da desigualdade entre os homens*, ele pretende demonstrar que a história nos revela que, embora o progresso das Luzes tenha trazido benefícios, estes nunca foram distribuídos igualmente entre os homens. Em outras palavras: o progresso trouxe consigo a desigualdade, e com ela a escravidão e a tirania. Filho de uma família calvinista, Jean-Jacques Rousseau nasceu em Genebra, na Suíça, em 1712. Em 1728, deixou a cidade natal e se converteu ao catolicismo, sob a proteção de Madame de Warens. Foi para Paris em 1742, onde foi apresentado a Diderot. A caminho de Vincennes, quando ia visitar Diderot, preso naquela cidadela, sofreu uma espécie de êxtase, durante o qual teve a ideia de compor o *Discurso sobre as ciências e as artes*, para concorrer ao prêmio da Academia de Dijon, no ano de 1749. O *Discurso* ganhou o primeiro prêmio e foi publicado no ano seguinte. Sua segunda obra, *Discurso sobre a origem da desigualdade*, é de 1755, também escrito para concorrer ao prêmio da Academia de Dijon. Porém, desta vez, não foi premiado. Ganhou fama com o romance *A nova Heloísa*, publicado em 1761. Mas no ano seguinte, ao publicar *O Emílio* e *O contrato social*, viu essas duas obras condenadas em Paris e em Genebra. Teve então início sua fuga pelos países da Europa. No final da vida, tendo se desentendido com todos os antigos amigos, ganhava a vida copiando partituras de música. Morreu em 1778, o mesmo ano da morte de Voltaire, deixando várias obras para publicação póstuma, entre as quais *As confissões*, uma obra-prima da literatura moderna.

Pessimismo ou lucidez?

O tema da Academia de Dijon, de 1749 era o seguinte: o restabelecimento das ciências e das artes terá contribuído para aprimorar os costumes? A questão proposta dizia respeito exatamente ao problema da relação entre o progresso da razão e o aperfeiçoamento moral dos homens. Para espanto de todos, nessa época em que a razão era considerada o único instrumento que permitiria a construção de uma sociedade mais feliz, Rousseau responde à pergunta de forma negativa. Para ele, o progresso das ciências e das artes não tornou os homens melhores. Isso porque o desenvolvimento da cultura é sempre paralelo a vários inconvenientes e vícios dos quais ela se torna cúmplice.

Em primeiro lugar, o progresso das ciências e das artes é prejudicial ao aperfeiçoamento moral, na medida em que esse progresso, ao introduzir o gosto pelo luxo, corrompe a alma dos homens, que doravante se preocuparão muito mais com aquilo que podem ostentar exteriormente do que com o que verdadeiramente são. Instaura-se assim, nas sociedades cultas e civilizadas, o império das aparências. A virtude então se perde, e o que resta é apenas o furor de se exibir e distinguir.

O outro resultado negativo do progresso das ciências e das artes é de natureza política. Para Rousseau, foram as necessidades que acabaram levando os homens a instituir os governos e a renunciar à sua liberdade natural; e, neste caso, são as ciências e as artes que os fazem permanecer no esquecimento dessa liberdade. É por isso que os príncipes sempre estimulam o gosto pelas artes. Súditos educados, polidos, afáveis – qualidades que são adquiridas precisamente através da ciência e da cultura – são sempre mais fáceis de comandar do que súditos rudes. É por isso que, no *Discurso sobre as ciências e as artes*, Rousseau dirá que as ciências e as artes são como "guirlandas de flores" que escondem os ferros que nos acorrentam.

Civilização e degeneração

É no *Discurso sobre a origem da desigualdade* que Rousseau desenvolve com mais rigor e mais detalhadamente a tese que afirma a cumplicidade entre o desenvolvimento da civilização e a degradação moral dos homens, juntamente com a perda da sua liberdade primitiva. Segundo ele, se pudéssemos retirar tudo aquilo que é resultado do progresso das Luzes e da razão – ou seja, da civilização –, teríamos então o homem tal como saiu das mãos da natureza. E quais seriam as características deste ser na sua "condição natural"? Suas necessidades seriam puramente aquelas que a natureza prescreve: o sono, a alimentação, a reprodução. Seus desejos seriam proporcionais a essas necessidades. A razão permaneceria em estado de pouco desenvolvimento, o suficiente para propiciar as habilidades indispensáveis à satisfação das necessidades básicas. Ele não teria propriamente paixões. Seria guiado apenas pelo amor de si, que o leva a preservar sua vida, e a visão do sofrimento de outro ser lhe causaria também certo sofrimento: é a piedade natural. Solitário numa natureza que lhe oferecia tudo, o homem natural viveria em paz.

Saltemos os séculos, continua Rousseau, e examinemos o homem civilizado. Nesse intervalo que o separa do homem natural, ele não apenas transformou o que havia à sua volta, como também sofreu profundas transformações. A terra, que era de todos, acabou dividida entre uns poucos, enquanto outros, para sobreviver, trabalham nos campos dos proprietários. A liberdade natural foi perdida, quando se tornou necessário que os homens se organizassem em sociedades civis. Daí em diante, submetidos a leis que nem sempre os favorecem, os homens civilizados se tornaram escravos uns dos outros. É certo que o progresso facilitou a vida, oferecendo artefatos e objetos que o homem natural desconhecia: o abrigo debaixo das árvores agora é uma casa confortável; as peles que o cobriam agora são roupas adequadas; a alimentação, outrora buscada dia a dia, está agora à disposição no mercado. Mas, por outro lado, esses benefícios do progresso estão distribuídos de forma desigual. Enquanto alguns gozam de uma vida farta e luxuosa, outros permanecem na mais indigna miséria.

Essas transformações se deram paralelamente a alterações espirituais: antes tranquilo, o homem de hoje vive uma vida agitada. Para sobreviver, é preciso que se submeta a um trabalho constante. Antes, o amor de si era apenas um instinto que o levava a se proteger do perigo. Hoje, transformado em amor-próprio, esse sentimento exige muito mais: o homem passa a ter necessidade da estima dos outros, precisa de fama e de glória. A piedade natural se enfraqueceu. O homem, agora, pode passar indiferente diante de um semelhante que sofre.

A ideia do *bom selvagem* é muito comum no século XVIII. Entende-se por essa ideia que os povos primitivos, como os indígenas americanos, por exemplo, eram pacíficos, amigos e bons, diferentemente do homem civilizado, que se tinha tornado cruel e agressivo. Essa antítese entre o bom selvagem e o homem civilizado é uma das ideias mestras da filosofia de Rousseau.

A comparação feita por ele entre o homem natural e o homem civilizado permite-lhe mostrar sobretudo que, embora o desenvolvimento da razão e o progresso das ciências e das técnicas sejam aquilo que eleva o homem acima dos animais e o torna propriamente humano, o modo pelo qual se deu esse desenvolvimento teve resultados desastrosos. Em suma: o homem não se tornou melhor ao se desenvolver. Ao contrário, o espetáculo oferecido pelas nações modernas é desolador: enquanto um punhado de pessoas regurgita de superfluidades, uma multidão faminta não tem o mínimo necessário. Essa desigualdade se fortaleceu ao mesmo tempo que se desenvolveram as faculdades do espírito humano. O progresso da razão é, pois, simultâneo ao progresso do mal entre os homens. Vejamos uma passagem do *Discurso sobre a origem da desigualdade:*

"Aquilo que a reflexão nos ensina a esse propósito, a observação o confirma perfeitamente: o homem selvagem e o homem que vive na cidade diferem de tal modo, tanto no fundo do coração quanto nas suas inclinações, que aquilo que determinaria a felicidade de um reduziria o outro ao desespero. O primeiro só almeja o repouso e a liberdade, só quer viver e permanecer na ociosidade [...]. O cidadão, ao contrário, sempre ativo, cansa-se, agita-se, atormenta-se sem cessar para encontrar ocupações ainda mais trabalhosas: trabalha até a morte, corre no seu encalço para colocar-se em situação de viver ou renunciar à vida para adquirir a imortalidade; corteja os grandes que odeia, e os ricos, que despreza; nada poupa para obter a honra de servi-los; gaba-se orgulhosamente de sua própria baixeza e da proteção deles e, orgulhoso de sua escravidão, refere-se com desprezo àqueles que não gozam a honra de partilhá-la." (*Discurso sobre a origem e os fundamentos da desigualdade entre os homens*).

Pacto social e sociedade legítima

É preciso dizer, porém, que a crítica da razão, efetuada por Rousseau não faz dele um pensador anti-iluminista, ou um filósofo contrário ao movimento da Ilustração. Não há dúvida de que a sua visão da história dos homens é negativa. O longo progresso identifica-se com a evolução dos nossos males. Estes, no entanto, não são necessários, embora tenham sido constantes no decorrer da história. Mas é possível conceber, mesmo que seja apenas teoricamente, uma sociedade na qual não exista desigualdade e na qual os homens possam preservar a sua liberdade. O livro *O contrato social*, publicado por Rousseau em 1762, pretende exatamente investigar qual seria a essência de uma sociedade legítima e justa.

Segundo as teses expostas nesse livro, vemos em primeiro lugar que o poder político legítimo não vem da natureza, mas só pode estar fundado num acordo entre os homens, que, voluntariamente, decidem se organizar numa ordem política e social. Esse acordo é o pacto social. Ao fazerem o pacto, os indivíduos, antes isolados, dispersos e vivendo cada um por si, se comprometem a viver coletivamente, segundo regras que eles mesmos estabelecem. Ao mesmo tempo, esse pacto ou contrato social faz surgir o povo, pessoa moral e coletiva, que doravante será o único detentor da soberania, do poder máximo. As leis deverão ser sempre a expressão da vontade do povo soberano, que Rousseau denomina vontade geral. O indivíduo, que antes só prestava contas de seus atos a si mesmo, torna-se agora cidadão e obedece à vontade coletiva da qual participa. Desse modo, o cidadão é livre enquanto obedece à lei. Se entendermos a liberdade como autonomia e obediência a si mesmo, o cidadão é livre na medida em que obedece somente à lei de cuja elaboração ele participa enquanto parte do povo soberano.

Numa sociedade legítima, tal como é concebida por Rousseau, os cidadãos não obedecem ao governo, mas sim às leis que o próprio povo, do qual fazem parte, estabelece. Os governantes não detêm o poder soberano. Eles são apenas funcionários do povo, encarregados de fazer cumprir as determinações estabelecidas pela vontade geral. Sempre que os governantes trabalharem para seus próprios interesses, estarão corrompendo o corpo político e usurpando um poder que não lhes pertence de modo absoluto.

A crítica da razão

Mas, se os homens, no decorrer da história, como mostram os dois *Discursos*, se corromperam, seria possível ainda construir uma sociedade justa? Novamente, a posição de Rousseau não é otimista. Os homens, quando perdem sua liberdade, quase nunca a recuperam. Pode acontecer, como se fosse um milagre, que um povo degenerado e acostumado à escravidão consiga se reerguer e recuperar o seu vigor. Mas isso é muito raro, e não acontece duas vezes na vida de um mesmo povo.

Se é assim, poderíamos perguntar: para que serve estabelecer os princípios de uma sociedade legítima, se ela é um ideal irrealizável? Para Rousseau, O *contrato social* não é de fato um programa a ser aplicado concretamente. Mas é um instrumento através do qual podemos avaliar o grau de liberdade e de servidão em que nos encontramos, uma medida que nos permite julgar a proximidade ou a distância em que os povos se situam em relação ao modelo ideal.

Dissemos que Rousseau, embora faça a crítica dos males que surgiram com o desenvolvimento da razão, não pode ser considerado um pensador anti-iluminista nem irracionalista. A análise dos dois *Discursos* e de *O contrato social* nos permite agora compreender por que Rousseau, mesmo tendo se afastado do otimismo racionalista de seu tempo, não está na contracorrente da Ilustração. Em sua obra, a razão assume dois papéis distintos e complementares. Nos dois *Discursos*, sua função é essencialmente crítica: ao revelar a distância que nos separa da liberdade inicial, Rousseau efetua uma crítica severa da sociedade desigual e injusta de seu tempo. Em *O contrato social*, a função da razão é normativa: ela estabelece as condições em que a liberdade e a justiça se tornam possíveis.

3
A razão e a história

Estaria o destino dos homens traçado desde sempre, ou depende apenas da ação humana construir a sua história? O que leva os homens a agir de uma maneira ou de outra? O que leva as nações e os povos a percorrer um determinado caminho e não outro? Essas questões, que dizem respeito ao sentido da história, constituíram uma das principais preocupações da filosofia das Luzes.

Os filósofos iluministas elaboraram sua concepção acerca do sentido da história a partir da crítica da concepção cristã. Santo Agostinho foi o primeiro teólogo a estabelecer sistematicamente a visão cristã do curso da história universal. Em sua obra *A cidade de Deus*, desenvolve a tese segundo a qual a história humana é um drama cujas cenas fundamentais são o pecado original, a vinda de Cristo para redimir esse pecado e o juízo final, no qual Deus recompensará os justos e punirá os pecadores. Para ele, portanto, a história dos homens se identifica com a história da salvação dos fiéis cristãos. Do ponto de vista divino, a história humana não constitui nenhuma novidade: seu começo e seu desenlace estão perfeitamente previstos na mente de Deus.

No século XVII, o filósofo Bossuet retoma a visão de Santo Agostinho no livro *Discurso sobre a história universal*. Nele, afirma que tudo o que acontece com os homens é governado pela providência divina, tendo em vista a salvação eterna. É Deus quem glorifica ou rebaixa um povo, suscita líderes bons ou maus, determina, enfim, o curso da história humana, orientando-a para a realização plena, no final dos tempos, do reino de Deus. A teoria da história de Bossuet é chamada por isso de providencialista. Assim, podemos dizer que em Santo Agostinho e em Bossuet não temos propriamente uma filosofia, mas uma teologia da história, que faz da vontade divina a causa, em última instância, do curso dos acontecimentos.

Segundo essa teologia da história, Deus, tendo erguido e destruído os impérios pagãos, nos mostra, por meio desses exemplos, como se manifesta sua vontade, e ensina aos reis duas verdades: a primeira é que o próprio Deus forma os reinos e os entrega a quem quiser; a segunda, que ele sabe como fazer para que esses reinos sirvam aos seus planos sobre os justos, os cristãos, que agora são o povo eleito. Assim, tudo o que acontece na história das nações segue exatamente os desígnios divinos. Para Bossuet, portanto, não são propriamente os homens que constroem sua história. Eles apenas cumprem, mesmo sem saber, a vontade de Deus.

A Ilustração inaugura uma nova maneira de pensar a história, recusando a visão providencialista da tradição cristã. Segundo os pensadores iluministas, a história é construída pelos próprios homens. São eles que, às vezes mesmo sem o saber, determinam o curso dos acontecimentos, tecem o futuro com suas ações, levados por suas paixões ou por seus conhecimentos e suas concepções de mundo. É por isso que se costuma dizer que, no século XVIII, efetuou-se uma dessacralização da história: em vez de ser entendida com um processo dirigido por Deus, a história passa a ser compreendida como uma trajetória exclusivamente humana, ou como um drama no qual o ator principal é a própria humanidade.

Rousseau: a história e o mal

Como vimos no capítulo anterior, para Rousseau a humanidade não se tornou melhor ao progredir. Ao contrário, os progressos foram acompanhados de males tão difíceis de suportar que o homem primitivo, embora se abrigando precariamente e se alimentando apenas daquilo que a natureza oferecia, era mais feliz do que o homem civilizado. Assim, a visão que Rousseau tem da história humana é marcada por um certo pessimismo: aos ganhos do progresso sempre corresponde alguma perda inevitável.

Por exemplo, é claro que o fato de o homem natural ter aprendido a utilizar um instrumento qualquer para poder alcançar mais facilmente um fruto no alto de uma árvore constituiu um progresso. Mas, a partir desse momento, como passou a precisar de menos força física e agilidade para obter seu próprio alimento ou se defender, enfraqueceu-se fisicamente. Mais ainda, as perdas acarretadas pelo progresso não são apenas físicas, mas também psicológicas. O home primitivo podia ser feliz dormindo embaixo de uma árvore, tão logo o sol se punha, sem pensar no dia seguinte. Hoje, nós homens civilizados, não podemos suportar a vida ao relento; precisamos de uma casa confortável, de roupas, de coisas supérfluas; se não as temos, sentimo-nos infelizes. Na verdade, diz Rousseau, o homem moderno tornou-se escravo de suas necessidades.

No *Discurso sobre a origem da desigualdade*, Rousseau traça um quadro da vida do homem nas sociedades de seu tempo com tal perspicácia que parece falar dos homens de nossa própria época. Como é a condição do homem civilizado? Sua alma se consome em paixões violentas; os pobres se arruínam com trabalhos excessivos, enquanto os ricos adoecem por não fazer nada. Assim, uns morrem por causa das necessidades, outros por causa dos excessos. Isso sem falar nas misturas alimentares, nos temperos fortes, nas mercadorias adulteradas, nos remédios falsificados. Diz Rousseau no seu texto:

> "Se prestardes atenção às doenças endêmicas oriundas do ar confinado entre multidões de homens reunidos, às que são ocasionadas pela delicadeza de nosso modo de vida [...]. Se levardes em consideração os tremores de terra e os incêndios que, consumindo cidades inteiras, fazem com que os habitantes morram aos milhares; numa palavra, se reunirdes os perigos que todas estas causas juntam continuamente sobre nossas cabeças, vereis como a natureza faz com que paguemos caro o desprezo que demos às suas lições."

Para o filósofo, quanto mais os homens se distanciaram de suas origens, mais infelizes se tornaram.

Estudar a história

É por isso que Rousseau, no livro *O Emílio* (1762), ao perguntar qual a utilidade do estudo da história para os jovens e quais seriam os melhores livros para os adolescentes, responde que de nada adianta, para a formação moral dos alunos, estudar a história dos povos modernos e civilizados. Nela só vemos guerras, injustiças, sofrimento, desigualdade. É melhor estudar a história dos povos antigos. Menos distanciados da natureza, os povos da Antiguidade podem nos dar exemplos de virtude cívica, de força moral, de generosidade – qualidades que os civilizados acabaram perdendo na busca do progresso.

Contudo, uma coisa é certa para Rousseau: se a história humana começou mal e deu como resultado este mundo injusto e tumultuado no qual vivemos, isso não é culpa de algum pecado, nem é um castigo de Deus. Ao contrário, os males que nos atormentam são em sua maioria obra do próprio homem; assim, não são por natureza necessários ou fatais. Rousseau, portanto, rejeita a doutrina providencialista. A história é para ele o resultado das decisões e ações dos homens em relação a suas instituições sociais e à sua cultura. Se é assim, nem tudo está perdido para a humanidade.

Voltaire: história e civilização

Também para Voltaire são os homens que fazem a própria história. Mas sua perspectiva é radicalmente distinta e até contrária à de Rousseau. Segundo Voltaire, os principais males que atacam os homens vêm exatamente da ignorância, dos entraves ao desenvolvimento da razão. Sua filosofia da história obedece pois a um princípio intelectualista. É certo que a categoria fundamental de sua reflexão sobre a história é a do progresso, entendido como uma caminhada da humanidade em direção a algo melhor. E o melhor, para Voltaire, não é o estado primitivo dos homens, mas exatamente o estado de civilização.

Contudo, Voltaire não crê que a trajetória do progresso seja linear, e que os homens, desde o início da civilização, tenham caminhado sempre em direção ao melhor. Ao contrário, o que a história mostra é que há épocas em que esse progresso é quase inexistente, outras nas quais ele foi praticamente interrompido, e mesmo épocas nas quais tudo o que o homem havia adquirido se perdeu, lançando-o de volta à ignorância.

Os "grandes séculos"

A partir daí, Voltaire desenvolve a sua teoria da história, que poderíamos chamar de doutrina dos "grandes séculos". Segundo essa doutrina, a humanidade conheceu quatro grandes períodos, ou "grandes séculos". O primeiro ocorreu na Grécia antiga, entre os séculos V e IV a.C. Nessa época, marcada especialmente pelos reinados de Filipe da Macedônia e Alexandre Magno, viveram Péricles, o grande orador e estadista, os filósofos Aristóteles e Platão, o arquiteto Fídias. O segundo grande período se deu no Império Romano, durante o consulado de Júlio César e o reinado de Augusto (séculos I a.C. e I d.C.). Nesse período viveram grandes pensadores e artistas, como os filósofos Lucrécio e Cícero, o historiador Tito Lívio, os poetas Virgílio, Horácio e Ovídio. A terceira grande época é a do Renascimento na Itália (séculos XIV a XVI). Foi um tempo de profunda mudança intelectual e cultural, de efervescência artística inigualável. Por último, o quarto grande período é o século XVII, dominado pelo reinado de Luís XIV na França. Foi nesse momento que surgiu a filosofia moderna e que filósofos como Descartes, Locke e Newton contribuíram para uma revolução geral no pensamento.

Se observarmos que critérios Voltaire utiliza para determinar a grandeza de uma época, veremos que ele seleciona exatamente os períodos em que as nações viram florescer as artes, a filosofia, a indústria, as técnicas. Para ele, portanto, as grandes épocas são aquelas de maior brilho e desenvolvimento da civilização. Ao contrário de Rousseau, Voltaire considera a injustiça e a servidão não como males da civilização, mas como efeitos da ignorância e da falta de conhecimento. É precisamente por isso que ele acredita ser tarefa fundamental do filósofo o esclarecimento dos homens. Os povos instruídos, que conhecem seus direitos, não se deixam facilmente enganar ou explorar.

Enquanto para Rousseau os melhores livros para os jovens são aqueles de história antiga, para Voltaire, como vemos no texto a seguir, os estudantes não devem perder tempo com as coisas de antigamente, mas voltar a atenção para seu próprio tempo.

> "Parece-me que se quiséssemos aproveitar o tempo presente, não passaríamos a vida a nos encasquetar com fábulas antigas. Eu aconselharia a um jovem que tivesse uma ligeira tintura desses tempos recuados, mas que começasse um estudo sério da

história pelo tempo em que ela se torna verdadeiramente interessante para nós, ou seja, pelos finais do século XV. A imprensa inventada nesta época, começa a tornar a história menos incerta. A Europa muda de face[...]. A América é descoberta. Um mundo novo é subjugado, e o nosso mundo é quase inteiramente transformado. A Europa cristã torna-se uma imensa república, na qual a balança do poder se torna mais bem equilibrada do que na Grécia antiga. Uma correspondência perpétua liga todas as suas partes, apesar das guerras suscitadas pela ambição dos reis, e apesar das guerras religiosas, ainda mais destrutivas. As artes, que fazem a glória das nações, são levadas a um ponto que Grécia e Roma nunca conheceram. Eis a história que todos precisam conhecer. Nela não encontramos nem predições quiméricas, nem oráculos mentirosos, nem falsos milagres, nem fábulas insensatas [...]. Tudo nesta época nos diz respeito, tudo é feito para nós [...]. Não há nem um particular na Europa cujo destino não tenha sido influenciado por todas estas mudanças."(Voltaire, *Observações sobre a história*).

Outro aspecto importante da filosofia da história segundo Voltaire é seu caráter anticristão. Para ele, ao ensinar que os homens estão neste mundo apenas de passagem, e que o mais importante é que eles se preparem para alcançar a felicidade no céu, o cristianismo desvia a atenção humana das questões terrestres, tornando-se uma causa de alienação. Enquanto aguardam a justiça divina, os homens aceitam sem reclamar as injustiças na terra, deixando-se enganar pelos dominadores, sobretudo pelos padres.

Por outro lado, segundo Voltaire, é uma ilusão pensar que os motivos que levamos homens a agir sejam sempre de natureza moral ou religiosa, mesmo que eles assim o digam. Tomemos como exemplo um acontecimento histórico importante como as Cruzadas: a Igreja conclamou os povos da Europa a ir ao Oriente para combater os não cristãos que haviam se apossado de Jerusalém. Assim, as Cruzadas foram, aparentemente, uma guerra de princípios religiosos. Contudo, não foi apenas por fervor religioso que os europeus invadiram a Terra Santa. Isso é o que aparecia no discurso dos papas, mas as verdadeiras causas foram cconômicas: esperava-se, com a conquista da Palestina, obter mais terras, estabelecendo mais feudos para a nobreza endividada e empobrecida do século XI. É por isso que, para Voltaire, a tarefa do historiador é essencialmente crítica e deve demonstrar as verdadeiras causas dos acontecimentos, desfazendo as ilusões e denunciando os enganos.

Condorcet: o otimismo histórico

Condorcet costuma ser chamado de "o último dos enciclopedistas". Originário do interior da França, onde nasceu em 1743, fez seus estudos iniciais com os jesuítas e logo se interessou pela matemática. Ainda jovem, publicou alguns livros de álgebra e geometria. Em 1769 entrou em contado com D'Alembert. A partir de 1775, começou a escrever sobre os problemas políticos pelos quais passava a França na época. Discípulo de Voltaire, participou ativamente da redação da *Enciclopédia* juntamente com Diderot e d'Alembert, tendo escrito vários verbetes sobre questões de matemática. Sendo, contudo, mais jovem, foi o único dos enciclopedistas a viver os acontecimentos da Revolução Francesa. Em 1789, quando se deu a tomada da Bastilha, Condorcet estava com 46 anos.

Desde o início, ele se engajou no movimento revolucionário. Como deputado, defendeu os direitos humanos de modo geral, e os direitos das mulheres e dos negros escravos em particular, e propôs projetos de reformas políticas destinadas a transformar a sociedade francesa. Fez parte da Sociedade de 1789, fundada por Sieyès para enfraquecer o clube dos jacobinos, considerado um dos clubes mais radicais do período revolucionário e que recebeu esse nome porque seus membros se reuniam num convento dos padres jacobinos. Sua militância só chegou a termo em 1793, quando a Convenção (nova instituição do poder Legislativo, criada com a república, em 1792) dominada pelos jacobinos decretou sua condenação, acusando-o de conspirar contra o poder revolucionário, ao fazer críticas ao texto da Constituição votada em 1793. Condorcet ainda tentou evitar a prisão, escondendo-se em casa de amigos por vários meses. Porém, logo que deixou o esconderijo, foi preso e morreu no dia seguinte, no cativeiro, em circunstâncias obscuras. Foi durante esse período em que viveu escondido que escreveu o livro intitulado *Esboço de um quadro histórico dos progressos do espírito humano*. Nele, não apenas retrata a trajetória da humanidade desde o início até o século XVIII, como também tenta anunciar o que iria acontecer com os homens e os povos a partir de um acontecimento tão importante quanto a Revolução Francesa.

O progresso como destino

Consideradas as circunstâncias dramáticas em que foi escrita, a obra apresenta uma visão da história da humanidade surpreendentemente otimista. Segundo Condorcet, podemos estar certos de duas coisas. Em primeiro lugar, o homem é um ser com uma capacidade infinita de se aperfeiçoar; ou seja, não há por que impor limites aos progressos que a humanidade pode realizar. Em segundo lugar, a história mostra que de fato o homem se aprimorou muito no decorrer dos séculos, o que nos permite pensar que ele continuará a progredir no futuro. Uma vez tendo entrado na trajetória do progresso, nenhuma força poderá interromper a caminhada dos povos para um mundo melhor.

Esse otimismo de Condorcet pode ser explicado da seguinte forma: ele julga estar vivendo numa época privilegiada, marcada por acontecimentos que deverão transformar o destino dos homens e das nações em geral. Dentre esses acontecimentos, destaca a Independência dos Estados Unidos, ocorrida em 1776, e a própria Revolução Francesa, que se iniciou em 1789.

O simples bom senso, afirma Condorcet, fazia perceber que os habitantes de colônias inglesas na América tinham os mesmos direitos que qualquer europeu. Mas o governo britânico acreditava que os americanos deviam ser dominados. A nação americana então resolveu quebrar as correntes que lhe eram impostas e declarou sua independência. A discussão sobre esse acontecimento invadiu o mundo. Os direitos humanos e os direitos das nações tornaram-se mais conhecidos. Os homens, conhecendo-os, desejaram usufruir deles, e logo os ideais de independência e liberdade se espalharam a partir da América por toda a Europa.

A França, por sua vez, na visão de Condorcet, era o país europeu ao mesmo tempo mais esclarecido e mais escravizado. Tinha produzido os melhores filósofos do século, que havia muito tempo insistiam sobre a importância da liberdade. Contudo, o governo francês permanecera autoritário e despótico. Assim, era natural que fosse o primeiro país na Europa a iniciar a revolução, cujos princípios haviam sido dados pelos filósofos. Foram eles que difundiram o conhecimento dos direitos do homem, que exigiram a liberdade de pensar, que lutaram pela abolição da tortura, que denunciaram o fanatismo e os preconceitos. Com isso, modificaram a opinião pública de tal modo que, uma vez transformadas as mentalidades, a revolução pôde se realizar pelas forças populares.

Para Condorcet, a Revolução Francesa, embora posterior, foi mais ampla do que a revolução americana. Ela atingiu a sociedade inteira, transformou todas as relações sociais, penetrou em todos os meandros da instituição política. Os franceses conseguiram eliminar o despotismo dos reis, a desigualdade política, o orgulho dos nobres, a intolerância, os privilégios feudais. Enfim, a revolução devolveu ao povo francês a sua soberania, que consistia em só obedecer a leis cujo estabelecimento fosse legitimado por sua aprovação imediata. Tratou-se, portanto, de uma conquista inigualável e irreversível. Condorcet acreditava ainda que, a partir da Revolução Francesa, os ideais revolucionários se difundiriam progressivamente pelo resto do mundo, inaugurando uma nova era de liberdade.

É essa visão de uma nova era que orienta a filosofia da história desse enciclopedista revolucionário. A humanidade pode esperar um futuro cada vez melhor. O progresso é uma lei da história. Os passos dados pelos homens em direção a um futuro mais feliz são irreversíveis.

Educação e progresso

Embora tal certeza seja dada pelo próprio decorrer da história, para Condorcet o processo de aperfeiçoamento dos homens pode ser acelerado e garantido pela instrução. Em abril de 1792, ele apresentou à Assembleia um projeto sobre a instrução pública. O seu interesse pela instrução pública estava intimamente ligado à sua visão racionalista da história. Não basta aos homens ter direitos. É preciso que eles os conheçam para poder lutar por eles. A instrução aparece, pois, na visão de Condorcet e dos iluministas de modo geral, como uma força libertadora.

Os princípios que regem o projeto de instrução de Condorcet podem ser assim resumidos: em primeiro lugar, a instrução deve ser pública, pois todo homem tem direito ao saber. Para isso, ela deve ser organizada e sustentada pelo Estado. A escola pública deve ser gratuita, igual para todos, laica e mista. Gratuita, porque caso contrário não seria pública; igual para todos, dada a igualdade dos cidadãos numa nação livre; laica, já que a educação religiosa pode ser uma função da família, mas nunca do Estado, que deve guardar independência em relação a todos os credos religiosos. Por fim, a escola pública deve ser mista, pois as mulheres são iguais aos homens e têm, portanto, o direito tanto de aprender como de ensinar.

Esses princípios nos parecem hoje lugar-comum. Na França pré-revolucionária, porém, a educação era oferecida quase sempre por escolas mantidas pelas ordens religiosas, às quais tinha acesso apenas a pequena parte da população que podia pagar. Assim, o projeto de Condorcet inaugurava uma nova maneira de considerar a instrução dos cidadãos. Mediante a instrução pública e laica, a marcha do espírito humano em direção ao aperfeiçoamento seria acelerada. Mais instruídos, os homens seriam mais livres, e as tiranias não poderiam voltar a esmagar as nações.

4

A razão intervém na história

No século XVIII, entra em cena o que poderíamos chamar de intelectual militante – o publicista, o jornalista, com seus pequenos jornais e panfletos, sempre preocupado em ensinar alguma coisa ao público. Sua tarefa consiste, de um lado, em tornar acessível o saber dos filósofos, as grandes questões da teologia, da física, da moral do direito e da filosofia; de outro, em construir sistemas teóricos que possam ser facilmente assimilados pelo povo. Nessa atividade valem não só os trabalhos sérios, mas também as sátiras, que vão aos poucos minando as bases do Antigo Regime.

Nos anos que antecederam a Revolução Francesa de 1789, aumentou o número desses intelectuais com a preocupação pedagógica de formar a opinião pública. A necessidade de combater o Antigo Regime monárquico, que oprimia o povo com impostos abusivos, e de pôr às claras as mazelas da corte exigia um intelectual que se dirigisse ao público numa linguagem que ele pudesse entender.

Mas não bastava isso. Seria necessário também recorrer à tradição filosófica recente, para dar mais autoridade aos discursos, que pretendiam não só fazer a crítica ao Antigo Regime, mas também construir um mundo novo, apoiado na liberdade e na igualdade.

A imprensa

Na verdade, o novo tipo de intelectual já estava em formação no século XVII, sobretudo na Inglaterra. Também lá houve um grande movimento de intelectuais e de jornalistas, que tinham como objetivo a formação da opinião pública. No século XVIII, contudo, a França passou a ser uma espécie de vitrine do mundo. A Ilustração irradiou-se, de Paris principalmente, para o resto da Europa. Mas é bom não esquecer que muitos jornalistas franceses se inspiraram em seus colegas ingleses do século XVII.

Na França, em 5 de julho de 1788, Luís XVI decidiu convidar e até estimular os "intelectuais" – as pessoas instruídas – a enviarem ao Ministério da Justiça informações que pudessem esclarecer o governo. Esse convite provocou uma avalanche de panfletos e pequenos jornais. Nos quartéis, nos subúrbios, nas feiras, as vozes se levantavam para endereçar às autoridades reivindicações e propostas de solução para os problemas nacionais.

Liberdade de imprensa

Diante desse efeito inesperado, os ministros tentaram impedir que o processo se tornasse incontrolável e começaram a censurar e a proibir a divulgação de certos livros e panfletos. A defesa da liberdade de imprensa por homens públicos de grande importância foi decisiva para a circulação das publicações. Este texto de Mirabeau, extraído de um de seus discursos, datado do final de 1788, é um dos mais contundentes:

"[...] é nesse momento que, pela mais escandalosa das inconsequências, persegue-se, em nome da monarquia, a liberdade de imprensa [...]. Parece que se quer deixar todos os livros em quarentena para purificá-los da verdade. Certamente, aqueles que [...] impedem a expansão das Luzes, cometem um grande atentado. Eles afastam, fazem recuar, fazem abortar, tanto quanto podem, o bem público, o espírito público, a concórdia pública [...] Que a primeira de vossas leis consagre para sempre a liberdade de imprensa, a mais inviolável, a mais ilimitada, a liberdade sem a qual as outras jamais serão adquiridas, porque é somente por ela que os povos e os reis podem conhecer seu direito de obtê-la, seu interesse em concedê-la [...]" (Mirabeau, *Arquivos parlamentares*, Tomo I, p. 569-70).

O movimento se desenvolve e, apesar das tentativas de detê-lo, alastra-se por toda a França. Só nos últimos meses de 1788, circularam mais de 2500 publicações, como panfletos e pequenos jornais de associações, grupos organizados e intelectuais independentes. Nesses textos, a tônica era a necessidade de ruptura com o Antigo Regime despótico. Já se esboçavam aí as propostas de monarquia constitucional e mesmo de república. Cada vez mais os discursos se inflamavam e os textos apresentavam conteúdo mais forte.

Enquanto se preparava a reunião dos Estados Gerais (Assembleia que reunia periodicamente os representantes das três ordens ou classes da nação francesa, que eram o clero, a nobreza e o povo), multiplicavam-se os panfletos sobre o Terceiro Estado – a classe burguesa e popular –, pressionando-o a definir o seu papel diante da nobreza e do clero. O conde D'Antraigues denunciou a corte como "antro de corrupção", os cortesãos como "inimigos naturais da ordem pública", uma "multidão aviltada de escravos insolentes". Para ele, o "Terceiro Estado é o povo, e o povo é o próprio Estado, e nele reside o poder máximo da nação".

Um dos panfletos mais importantes surgido nesse momento foi *O que é o Terceiro Estado*, do abade

Sieyès. O autor propunha que a representação do Terceiro Estado, a camada mais numerosa da França, composta por cerca de 25 milhões de pessoas, não devia reunir-se ao lado da nobreza e do clero como se fossem três representações de partes iguais da sociedade francesa. Os deputados do clero e da nobreza representariam os privilegiados, enquanto os deputados do Terceiro Estado seriam os porta-vozes do povo francês, a maioria esmagadora da população. Por isso, eles deveriam constituir uma Assembleia Nacional autônoma, com plenos poderes.

Foi o que de fato ocorreu durante a assembleia dos Estados Gerais, reunida em maio de 1789. O Terceiro Estado constitui-se como Assembleia Nacional e obteve a adesão de parte dos representantes da nobreza e do clero. Daí em diante, o rei não mais teria o controle da situação. A queda da Bastilha, a 14 de julho de 1789, seria apenas mais um episódio do processo da grande revolução que mudaria os rumos da França e da Europa.

Formação da opinião pública

O período revolucionário francês é um dos mais ricos para quem deseja estudar o significado da imprensa e o papel dos intelectuais na política. Como se sabe, há na prática jornalística a necessidade imperiosa do distanciamento, da neutralidade diante dos fatos. Diz-se com frequência que o jornalista deve deixar a verdade aparecer; ele seria apenas aquele que deixa os fatos falarem por si mesmos.

A febre revolucionária, no entanto, não seguiu essa regra. O que estava em jogo era a necessidade de formar a opinião pública. Para isso, o jornalista assume a função de professor das massas, de orientador do público. Não basta deixar aflorar a verdade dos fatos; é importante interferir no seu curso. Não se trata de assistir à história impassivelmente, mas de mudar os seus rumos. Cada jornal, nesse período, está vinculado a um grupo político – aos monarquistas ou aos republicanos, aos moderados ou aos radicais.

O rei, até o momento da tentativa de fuga, no final de 1792, tinha muitos defensores na imprensa. Entre esses jornais que defendiam a realeza, um, o *Atos dos Apóstolos,* possuía um lado bastante irônico e ao mesmo tempo mordaz, que irritou profundamente os revolucionários. Num de seus números, os opositores da monarquia são tratados assim: "Foi o governo da populaça da Assembleia Nacional que ditou o decreto que suprimiu a nobreza. A claque purulenta dos advogados contribuiu muito para isso". Em outra parte, dizia: "Um Marat, um Desmoulins, um Prudhomme, e tantos outros escrevinhadores, são todos dignos do último suplício". Embora fosse defensor da monarquia, o *Atos dos Apóstolos* não poupava Luís XVI, considerado um fraco e um rei de fachada.

Do lado dos revolucionários, destacaram-se vários jornais e panfletos, com seus jornalistas famosos.

Robespierre tinha o *Defensor da Constituição*; Brissot redigia o *Patriota Francês*; Marat, *O Amigo do Povo*; Hébert, *O Pai Duchesne*; Claude Fauchet e Bonneville, *A Boca de Ferro*; Babeuf, o *Jornal da Liberdade de Imprensa* e o *Tribuno do Povo*.

Desses jornais, o mais sarcástico e mordaz era o *Pai Duchesne*, do radical Hébert. Ninguém escapava de sua ironia e de suas injúrias. Por isso, tornou-se logo um dos jornais mais lidos do período inicial da Revolução Francesa.

À medida que avançava o processo revolucionário, os ânimos se exaltavam e a linguagem dos jornais e panfletos tornava-se cada vez mais ácida e contundente. Jean-Paul Marat, com *O Amigo do Povo*, foi sem dúvida o mais radical dos jornalistas desse período. Ele pregava abertamente o assassinato dos inimigos do povo.

"Há um ano, umas quinhentas ou seiscentas cabeças roladas teriam nos tornado felizes e livres. Hoje, seria necessário cortar dez mil. Dentro de alguns meses, talvez, vocês terão contado cem mil e, então, será uma beleza, porque não haverá de forma alguma paz enquanto vocês não tiverem exterminado os implacáveis inimigos da pátria até a última geração." (Marat, *O Amigo do Povo*, 17 de dezembro de 1790).

"Não percam tempo imaginando meios de defesa. Só há um, aquele que tenho recomendado tantas vezes: uma insurreição geral e execuções populares. Se for necessário cortar cem mil cabeças, não se deve hesitar um instante." (Marat, O Amigo do Povo, 18 de dezembro de 1790).

O estilo de Robespierre era bem diferente: sério, circunspecto. No início da revolução, ele ainda acreditava que a França podia manter uma monarquia constitucional. Era esse o conteúdo do *Defensor da Consti*tuição. Depois da fuga de Luís XVI para Varennes, Robespierre mudou de opinião. Fundou o *Republicano,* cujo conteúdo era de total desilusão quanto à monarquia. Num dos números do jornal ele escreveu que a França, ao atingir a idade da razão, não podia mais acreditar nas palavras vazias daqueles que ainda insistiam em defender o ofício do rei, que não servia para nada.

Poderíamos citar muitos outros títulos de jornais de associações e panfletos de todo tipo, tão grande era o número de publicações nesse período. Lia-se e escrevia-se sobre todos os assuntos. Mesmo os analfabetos ouviam a leitura dos jornais murais espalhados por toda parte. Ninguém podia deter a onda de publicações que invadia a França.

Opinião pública e razão pública

Bem identificado com o espírito da filosofia das Luzes, não podemos deixar de citar o jornal *A Boca de Ferro*, órgão oficial da associação Círculo Social.

O objetivo dessa associação era difundir o saber das Luzes entre o maior número possível de pessoas. Seus fundadores, Claude Fauchet e Nicolas de Bonneville, conseguiram arregimentar grandes nomes em torno da associação. Figuravam ali Condorcet, Thomas Payne, Brissot e tantos outros. A partir de 1790, faziam reuniões regulares e grandes assembleias no circo do Palais Royal, no centro de Paris. Nessas assembleias, Fauchet fez 21 conferências sobre o livro *O contrato social*, de Rousseau.

Propaganda revolucionária

Não é fácil para nós, hoje, imaginar a possibilidade de ler e discutir parte por parte um livro como *O contrato social* para uma plateia de seis a nove mil pessoas, segundo os jornais da época. Nessas conferências Claude Fauchet pedia que a plateia se manifestasse sobre os pontos apresentados. O público podia concordar ou discordar das ideias de Rousseau. As discordâncias, evidentemente, eram mínimas.

Com as conferências, Claude Fauchet pretendia difundir as ideias do autor de *O contrato social* e sensibilizar o público para a necessidade de se voltar para o legado da filosofia, que, segundo ele, havia descoberto certas verdades que a Revolução começava a pôr em prática. Esse foi o espírito da fundação do Círculo Social. Tratava-se de formar a opinião pública, de esclarecê-la para que não se deixasse enganar pelas artimanhas do poder monárquico corrupto.

Para isso, Claude Fauchet e Bonneville montaram uma verdadeira máquina de propaganda revolucionária. *A Boca de Ferro* era o órgão oficial do grupo, mas havia outros jornais, que circulavam não só em Paris como também no interior. O grupo possuía ainda uma revista mental e, na editora do Círculo Social, procurava-se imprimir o maior número possível de livros de uma geração de autores que estava convicta de poder mudar a face da França e do mundo inteiro.

A Boca de Ferro circulava três vezes por semana e compunha-se fundamentalmente, de cartas de leitores. Em vários pontos de Paria, havia pequenas caixas de correspondência, denominadas "bocas de ferro", nas quais qualquer um podia depositar suas reclamações e denúncias, que seriam publicadas. Já que o povo não podia participar diretamente na Assembleia Nacional, ele tinha o direito e o dever de vigiar as pessoas que ocupavam cargos públicos.

Dar voz ao povo

A máquina de propaganda do Círculo Social é um dos exemplos mais marcantes de um tipo de ativista que já não se conhece hoje em dia. Homens totalmente voltados para o bem público, acreditando ser possível construir um mundo melhor pelo trabalho incessante de esclarecimento, de crítica, de expansão do saber, de tal modo que ninguém ficasse excluído do acesso a esses bens, patrimônio da humanidade.

Segundo eles, essa era a condição para a liberdade política, para que os homens realizassem da melhor maneira possível sua natureza humana, racional e sociável e encontrassem a felicidade.

> "A primeira e principal tarefa do Círculo Social, que acabamos de fundar, é a de dar à voz do Povo toda força para que exerça, em toda a sua plenitude, e com uma extensão indefinida, seu direito de censura, o único poder do qual jamais desfrutou, o único que forma a opinião geral, que é sempre certa e todo-poderosa, único poder que lhe é vantajoso exercer por si mesmo." (*A Boca de Ferro*, n. 2, outubro de 1790).

Os intelectuais, entre a razão e o Terror

Robespierre era um grande defensor da liberdade de pensamento, de religião, de imprensa. No entanto, não deixou de ser o implacável executor do Terror revolucionário. Como explicar esse paradoxo, não só de Robespierre, mas também da maioria dos jovens líderes da Revolução Francesa?

As luzes da razão, da filosofia e das ciências estavam ali, a seu alcance, para ajudá-los a combater o despotismo e os inimigos da liberdade. No entanto, com esse mesmo instrumental da razão, com o qual esperavam eliminar para sempre qualquer forma de dominação, desencadearam o Terror. Sob o pretexto de eliminar os inimigos do povo, cometeram muitas injustiças com execuções sumárias, julgamentos forjados e acusações indevidas.

Razão e política

Sob o comando de Robespierre, o Terror submeteu os imperativos da filosofia das Luzes às condições e imposições da luta política. Os revolucionários transformaram a razão filosófica em razão revolucionária. E em nome da razão revolucionária, a política do Terror promoveu um verdadeiro massacre de seus adversários.

A dramática experiência do Terror deixa importantes lições. Mostra que a razão não é uma entidade religiosa ou metafísica, que paira impassível e imparcial acima da realidade. Ao contrário, é uma faculdade humana, que pertence a criaturas humanas, que agem também por paixões e interesses, sobretudo as paixões e os interesses políticos. As falhas da razão são, pois, falhas humanas, decorrentes das circunstâncias, dos conflitos e das próprias limitações dos homens.

A razão, portanto, também pode errar. É o que ocorre igualmente quando se trata da razão pública, do julgamento da opinião pública. Quando o povo julga ou toma decisões baseado em princípios equivocados, fundados nos interesses particulares, contrários aos interesses da maioria da sociedade, está julgando e decidindo erradamente.

O próprio Robespierre, num discurso em que defendia a liberdade de imprensa, reconheceu a dificuldade da questão ao afirmar:

"Quem traçará a linha de demarcação que separa o erro da verdade? Se aqueles que fazem as leis ou aqueles que as aplicam fossem seres com inteligência superior à inteligência humana, eles não poderiam exercer esse poder sobre os pensamentos. Mas se são apenas homens, se é absurdo que a razão de um homem seja, por assim dizer, soberana da razão de todos os outros homens, qualquer lei penal contra a manifestação das opiniões é um grande absurdo" (Robespierre, *Discurso sobre a liberdade de imprensa*, 11 de maio de 1791).

O grande lema da filosofia das Luzes, "Ousar saber", não significa que, no processo de esclarecimento, os homens tenham chegado à descoberta da verdade. Pelo contrário: ousar saber significa também ter espírito de investigação constante, prestar muita atenção ao que acontece a nossa volta em todos os domínios, refletir permanentemente sobre as artes, as ciências, a religião, a política, o direito, a natureza. Quando as sombras se aproximam, acendem-se novas luzes e o movimento da Ilustração retoma o seu curso.

5

As Luzes no Brasil

Um dos traços mais admiráveis do iluminismo é o seu caráter cosmopolita. Os pensadores ilustrados queriam que suas ideias e suas obras, concebidas como um instrumento para o esclarecimento dos povos e para a libertação das amarras da ignorância, não fossem úteis apenas à França, ou mesmo à Europa, mas pudessem também contribuir para o progresso de todas as nações do mundo. Isso aconteceu de fato, como se pode ver no caso do Brasil.

As perigosas ideias francesas

No final do século XVIII, Ouro Preto, Rio de Janeiro, Salvador e Recife eram centros intelectuais onde as pessoas tomavam conhecimento das ideias que circulavam na Europa. Num país colonizado, que ansiava pela independência, era natural que os ideais libertários da filosofia iluminista contagiassem a minoria culta dos brasileiros.

Embora as autoridades proibissem o comércio dos livros franceses, considerados perigosos e subversivos, as obras mais importantes do pensamento francês dessa época foram lidas e discutidas no Brasil, ainda que por um pequeno número de pessoas. Entre os livros mais conhecidos pelos brasileiros, estavam *O contrato social*, de Rousseau, volumes da *Enciclopédia* e a *História filosófica e política das duas Índias*, do abade Raynal. As dificuldades impostas pela censura não chegavam a impedir a entrada desses livros no Brasil, fosse por meio de contrabando, fosse pelas mãos de pessoas que viajavam para a Europa ou de estudantes brasileiros que, por causa da ausência de universidades na Colônia, iam fazer seus estudos em Paris e Montpellier.

Podemos resumir da seguinte maneira as principais ideias francesas que seduziram os brasileiros letrados do século XVIII: em primeiro lugar, a defesa dos direitos universais do homem e do direito de autonomia dos povos que lhes permitiam efetuar ao mesmo tempo uma crítica ao colonialismo e ao escravismo. A partir desse pano de fundo, era possível encontrar em Rousseau, em Voltaire, em Montesquieu e nos verbetes da *Enciclopédia* material inspirador para a denúncia da tirania e para a crítica do despotismo do clero. E ainda incentivo a uma campanha em favor da educação pública enquanto fator de independência nacional.

O apelo à rebelião

Entre os livros mais lidos por brasileiros no final do século XVIII merece destaque especial a *História filosófica e política das duas Índias*, escrita pelo abade Raynal com a colaboração de Diderot. Publicada pela primeira vez em 1772, essa obra foi reeditada dezenas de vezes na França, vendeu milhares de exemplares nos Estados Unidos e constituiu, no Brasil, uma fonte de reflexão para as elites ilustradas sobre a questão da colonização e dos direitos dos povos das Américas.

Apresentado como uma retrospectiva da colonização europeia tanto no Ocidente quanto no Oriente, o livro tornou-se especialmente interessante para os intelectuais ativistas das colônias porque, diferentemente dos outros livros filosóficos, estabelecia claramente o laço entre as ideias e a prática; chegava mesmo a convocar os povos colonizados a se insurgirem contra seus dominadores. Vejamos o texto:

"O espetáculo de tantas vastas regiões pilhadas, devastadas, reduzidas à mais cruel servidão reaparecerá. A terra cobre os cadáveres de três milhões de homens que matastes ou deixastes perecer, mas eles serão exumados, e pedirão vingança ao céu e à terra, e obterão. [...] Sim, vejo chegar o tempo de vossa convocação e de vosso terror. Eu vos vejo vos arrastando nas prisões que mereceis [...]. Escuto os gritos de um povo furioso reunido em torno dos tribunais[...].

Não, não! É preciso que mais cedo ou mais tarde a justiça seja feita! Se isto não acontecesse, eu me dirigiria à populaça. Eu lhe diria: Povos, cujos rugidos tantas vezes fizeram tremer vossos senhores, que estais esperando? Para quando estais reservando vossas tochas e as pedras que calçam as ruas? Arrancai-as [...]. Mas os cidadãos honestos, se ainda houver, alguns, enfim se sublevarão." (Raynal, *História filosófica e política das duas Índias*, livro III, capítulo XVIII).

Raynal era um historiador francês, nascido em 1713. Personagem ambíguo, era ao mesmo tempo um escritor pago pelo Ministério das Releções Exteriores da monarquia francesa e amigo dos filósofos que se opunham a ela, como Diderot e os enciclopedistas. Em 1765, o ministro Choiseul parece ter-lhe encomendado uma obra que fosse uma espécie de balanço da colonização europeia nas Américas e no Oriente. Foi então que escreveu a *História filosófica e política das duas Índias*. O que seria uma história oficial, do ponto de vista das potências colonizadoras, acabou se tornando uma obra extremamente contestatória do processo de colonização, com grande repercussão no mundo colonial, inclusive no Brasil. A terceira edição foi proibida pela censura do reino, e ele, condenado à prisão, refugiou-se fora do país. Voltou para a França em 1784 e morreu em Paris em 1796.

Luzes nas Minas Gerais: a Inconfidência

Em março de 1789, um cidadão chamado Joaquim Silvério dos Reis denunciou ao governador de Minas Gerais, visconde de Barbacena, a existência de uma conspiração na cidade de Vila Rica. Segundo a denúncia, estava sendo organizado um levante, com a participação de Cláudio Manoel da Costa, Tomás Antônio Gonzaga, Inácio José de Alvarenga, Joaquim José da Silva Xavier, o Tiradentes, e outros. Silvério dos Reis afirmava que já estavam sendo elaboradas novas leis e planejava-se até mesmo a execução do governador.

Os inconfidentes foram presos e dezenas de testemunhas foram ouvidas durante o processo. Os documentos relativos aos depoimentos – os Autos da Devassa – permitem reconstituir o que foi a Inconfidência Mineira. Aí também podemos perceber de que modo as ideias francesas eram assimiladas por aqueles que estavam insatisfeitos com as condições do Brasil colonial.

Segundo esses autos, Tiradentes costumava portar livros em francês, pedindo para que lhe traduzissem certas passagens. Os autos relatam ainda o que havia na biblioteca de alguns conjurados. Essas listas de livros passaram a constituir provas contra os acusados, num sinal claro de que as autoridades haviam estabelecido a relação entre as "leituras perigosas" e a rebelião.

Um caso exemplar é o do cônego Luís Vieira da Silva, talvez o mais culto dos inconfidentes. Era professor de filosofia em Mariana, onde permaneceu até ser preso, com 54 anos. Sua biblioteca, confiscada durante o processo, era bem grande para suas condições e sobretudo em relação à pouca cultura na Colônia. O cônego tinha em casa 270 obras, que alcançavam quase oitocentos volumes. Por essa coleção, percebe-se que se interessava por todos os aspectos da cultura da época: havia dicionários e gramáticas, textos de ciências naturais, livros de teologia e de direito canônico, obras de filosofia, tratados de medicina. Entre os livros confiscados, havia dois volumes da *Enciclopédia* de Diderot e D'Alembert, *O espírito das leis*, de Montesquieu e livros de Voltaire.

Contudo, não é apenas por causa dos livros encontrados com os conjurados que se pode falar da influência das ideias francesas na Inconfidência. As declarações das testemunhas no processo também são um sinal dessa influência. Uma delas relata ter ouvido dizer que havia na mão de certo doutor um livro de autor francês cujo conteúdo ensinava que para fazer um levante era preciso cortar a cabeça do governador. Trata-se, evidentemente, da *História filosófica e política das duas Índias*, de Raynal.

Outro personagem que merece atenção é o poeta Tomás Antônio Gonzaga. Embora fizesse parte da intelectualidade de Minas, na relação de seus bens sequestrados não consta nenhum livro. Formado em direito em Portugal, ele apresentou à Universidade de Coimbra a tese intitulada *Tratado do direito natural*, para a redação da qual leu a *Enciclopédia*. Nomeado ouvidor em Ouro Preto, Gonzaga lutou contra as irregularidades administrativas do governo, de forma intransigente e dura.

O processo contra os inconfidentes arrastou-se por três anos, ao fim dos quais os envolvidos ouviram suas sentenças: a forca para Tiradentes, o exílio para os outros. Em abril de 1792, Tiradentes foi enforcado no Rio de Janeiro. No mesmo ano, no Velho Mundo, o povo francês destituía Luís XVI de suas funções reais e proclamava a república.

Liberdade, igualdade e fraternidade na Bahia

Em agosto de 1798, apareceram colados em paredes, muros e esquinas de Salvador alguns cartazes escritos à mão. Neles se convocava o povo baiano a fazer uma revolução memorável, que estabeleceria por fim o reino da igualdade e da liberdade. Vejamos um deles:

"Aviso ao povo baiense
Oh vós homens cidadãos, oh vós povo curvado e abandonado pelo rei, pelos seus despotismos, pelos seus ministros...

Oh vós povo que nascestes para ser livre e para gozar dos bons efeitos da liberdade; oh vós que viveis flagelados com o pleno poder do indigno coroado, esse mesmo rei que vós criastes; esse mesmo rei tirano que se firma no trono para vos vexar, para vos roubar e para vos maltratar.

Homens, o tempo é chegado para a vossa ressurreição, sim, para ressuscitardes do abismo da escravidão, para levantardes a sagrada bandeira da liberdade.

A liberdade consiste no estado feliz, no estado livre do abatimento; a liberdade

É a doçura da vida, o descanso do homem com igual paralelo de uns para outros; finalmente, a liberdade é o repouso e a bem-aventurança do mundo.

A França está cada vez mais exaltada, a Alemanha já lhe dobrou os joelhos. Castela aspira à sua aliança. Roma já vive anexa, o Pontífice já está abandonado e desterrado; o rei da Prússia está preso pelo seu próprio povo; as nações do mundo todas têm seus olhos fixos na França, a liberdade é agradável para todos; é tempo, povo, o tempo é chegado para vós defenderdes vossa liberdade. O dia de nossa revolução, da nossa liberdade, e de nossa felicidade está para chegar; animai-vos, que sereis felizes para sempre."

O conteúdo desse "aviso" mostra que a revolta baiana de 1798 não apenas sofreu influência das ideias francesas como se deu sob o impacto direto da revolução de 1789. O texto do boletim invoca o tema da liberdade e da igualdade entre os homens, que tinha sido um dos pontos fundamentais do pensamento das Luzes, assim como o direito dos povos de resistir ao poder despótico. Além disso, refere-se explicitamente à França, sobre a qual se fixavam os olhares de todas as nações.

Assim como os outros boletins afixados pelas ruas de Salvador, esse "aviso" certamente trazia a público aquilo que vinha sendo discutido em reuniões secretas. Ou seja, pretendia-se organizar um levante, para acabar com a sujeição do povo a Portugal e livrá-lo do despotismo. Uma característica importante do movimento baiano foi o fato de contar entre os rebeldes com um número significativo de pessoas das classes mais populares, incluindo escravos. Um estudo da pesquisadora Kátia Matoso mostra que, dos 48 acusados no processo, 32 foram processados. Entre estes, apenas quatro pertenciam à elite civil ou militar. Dos quatro, um foi inocentado e três tiveram uma pena de reclusão por alguns meses. Todos os outros que foram condenados ao açoite e ao exílio ou à morte pertenciam às categorias média e baixa da população (alfaiates, soldados, escravos).

Um texto anônimo da época, intitulado *Relação da francesia formada pelos homens pardos da cidade da Bahia no ano de 1798*, declara que, no governo de dom Fernando José de Portugal (governador da

Bahia de 1788 a 1801), "aportou nesta cidade uma nau francesa, que depois de descarregar com todo o segredo e sagacidade uns livrinhos, cujo conteúdo era ensinar o modo mais cômodo de fazer sublevações nos estados, com infalível efeito, única carga, sem dúvida, que trazia, retirou-se para o Rio de Janeiro". O autor anônimo supões que os franceses estariam mandando livros revolucionários para o Brasil, e que os baianos, instruídos por esses "livrinhos", organizaram seu levante. E claramente toma posição contra a insurreição, até com certa arrogância. Afirma que, a partir da litura desses livros, "alguns pardinhos, e também alguns branquinhos, da plebe conceberam o arrojado pensamento".

Entre os pertences do principal acusado, Luís Gonzaga das Virgens e Veiga, foram encontrados alguns papéis: cópia de *As ruínas*, de Volney (escritor francês nascido em 1757, autor também de *Meditações sobre as revoluções dos impérios*), traduzida para o português; a *Fala de Boissy d'Anglas*, que é um discurso feito na Convenção francesa em 1795; cópia de *O orador dos Estados Gerais*, espécie de manual para uso dos deputados franceses durante a reunião dos Estados Gerais; e, por último, um texto chamado *Aviso de S. Petesburgo*, talvez de origem ligada à maçonaria francesa. Em todos os casos, são cópias manuscritas e traduzidas, algumas vindas diretamente de Lisboa. Portanto, a história do navio que trazia "livrinhos" deve ser entendida como parte dos expedientes com que Portugal manifestava sua preocupação com a possibilidade de o movimento revolucionário francês atingir suas colônias. De qualquer modo, para os iletrados que participaram do movimento, a difusão das ideias revolucionárias se fazia oralmente e, repetidas de boca em boca, elas eram assimiladas pelos revoltosos.

O desfecho do movimento foi rápido: tão logo tomou conhecimento dos panfletos, o governador mandou iniciar a investigação, foram arrolados os acusados e ouvidas as testemunhas. Os panfletos tinham sido colocados em lugares públicos em agosto de 1798. As sentenças foram lidas no ano seguinte, em novembro.

As Luzes se propagam

Também no Rio de Janeiro os espíritos estavam abertos às novas ideias que vinham do velho continente. Deste 1772, havia na cidade uma Academia Científica nos moldes das que existiam na Europa. Seus membros dedicavam-se, de início, à pesquisa científica. Em 1790, suas reuniões foram proibidas pelas autoridades, mas os associados continuaram a se encontrar clandestinamente. Sob a influência do professor Manuel Inácio da Silva Alvarenga, as reuniões clandestinas varavam a noite, e nelas se discutiam os assuntos políticos da época, sobretudo a Independência dos Estados Unidos e a Revolução

Francesa. Mas as reuniões noturnas foram denunciadas, a sociedade fechada e seus membros enviados para a prisão. No processo que se instaurou contra eles, foram apresentadas como provas obras de Rousseau e Voltaire. Depois de três anos de cárcere, os acusados foram postos em liberdade.

Entre os pernambucanos também crescia o desejo de liberdade, estimulado pela difusão dos ideais franceses. O principal divulgador dos princípios iluministas na província foi o padre português Manuel Arruda da Câmara. Ele tinha sido expulso da Universidade de Coimbra exatamente por manifestar simpatia pela Revolução Francesa. Depois de sair de Portugal, terminou seus estudos em Montpellier, na França. Acompanhou de perto os acontecimentos revolucionários e, ao vir para o Brasil, em 1798, trazia obras de Rousseau, Voltaire e dos enciclopedistas. No interior de Pernambuco, fundou a sociedade secreta Areópago de Itambé, cujo objetivo era difundir informações sobre a situação dos países da Europa e a derrota das monarquias absolutistas.

Outro centro divulgador das ideias revolucionárias da França foi o seminário de Olinda. O bispo da cidade, José Joaquim da Cunha de Azeredo Coutinho, responsável pelo ensino no seminário, era um espírito ilustrado, leitor dos iluministas. Sob sua influência, a escola de formação de padres tornou-se um importante centro divulgador das ideias liberais.

Mais do que simples sociedades de letrados, associações como as do Rio de Janeiro e de Pernambuco mantinham contato com franceses e também com latino-americanos interessados na liberdade de seus países. Enfim, pode-se dizer que o debate que propiciavam e as ideias que divulgavam contribuíram para o amadurecimento do processo que iria culminar, no século XIX, com a conquista da independência da maioria dos países da América do Sul, entre eles o Brasil.

Iluminismo e escravidão

A França foi o primeiro país da Europa a abolir a escravidão. O decreto que devolveu a liberdade aos escravos negros das colônias é de 1794. No Brasil, a escravidão foi extinta em 1888, quase cem anos após a Revolução Francesa.

Se havia no Brasil uma grande receptividade às ideias francesas sobre a liberdade e a igualdade entre os homens, por que, no caso da escravidão, foi necessário tanto tempo para colocar em prática esses princípios?

Direitos humanos e escravidão

Mesmo na França, a questão da escravidão negra foi uma das mais espinhosas. É claro que os filósofos iluministas tinham insistido em suas obras, desde meados do século XVIII, na universalidade da natureza humana, da qual decorria uma universalidade dos direitos. Os homens nascem livres e iguais, esse era um lema repetido por todos eles. Por isso mesmo, a escravidão é contra a natureza e deveria ser abolida.

Contudo, deve-se observar que em 1789, quando teve início a revolução, a França era uma potência colonial. Dominava territórios nas Antilhas e no Oceano Índico, onde mantinha uma numerosa mão de obra escrava. Aqueles que tiravam proveito dessa situação tendiam a se opor a qualquer iniciativa para acabar com a escravidão nas colônias.

Contra essa tendência dos escravista, os revolucionários, desde cedo, tomaram posição e trataram de resolver o problema. Em 1789 foi fundada em Paris a Sociedade dos Amigos dos Negros, liderada por Condorcet, Brissot e Clavière. A Declaração dos Direitos do Homem e do Cidadão, proclamada pela Assembleia revolucionária nesse mesmo ano, afirmava que "todos os homens nascem livres e permanecem iguais em direitos". Isto significa que a desigualdade de direitos e de condição instituída pela escravidão entre os colonizadores europeus e os escravos negros é claramente contrária aos direitos humanos. Apesar disso, a mesma Assembleia recusou-se a modificar a legislação sobre os negros das colônias.

A segunda Declaração dos Direitos Humanos, votada pelos franceses em 1793, além de reafirmar a igualdade entre todos os homens, era ainda mais clara: "Todo homem pode empenhar seus serviços e seu tempo, mas não pode se vender, ou ser vendido; sua pessoa não é uma propriedade alienável". Com isso, a Declaração se manifestava de modo decisivo sobre o tráfico negreiro e a exploração do trabalho escravo. No entanto, ainda foi necessário mais um ano para que esse princípio fosse efetivamente reconhecido, e a França decidisse abolir a escravatura em todos os seus territórios.

Brasil: Luzes tardias

No Brasil, foi necessário quase um século. Poucas pessoas no tempo da Colônia criticavam a escravidão. O movimento da Inconfidência Mineira, cujo lema era "Liberdade ainda que tardia", deixou de lado a questão dos escravos. Havia mesmo entre os inconfidentes quem pensasse que a abolição repentina da escravidão poderia ser perigosa, desencadeando uma revolta geral dos negros contra os brancos, que perturbaria toda a nação.

Durante a Conjuração Baiana a questão foi tratada com um pouco mais de atenção. Num dos manifestos lançados na ocasião, lia-se que "o povo quer que homens brancos pardos e pretos concorram para a liberdade popular". A revolução que os baianos pretendiam fazer se propunha a libertar todos os pardos e negros, de modo que não houvesse mais escravo algum.

Em Pernambuco, os que defendiam os ideais iluministas também julgavam que seria necessário abolir a escravidão. Manuel Arruda da Câmara escrevera numa carta a um amigo que "a gente de cor deve ter ingresso na prosperidade do Brasil". Como no caso da Bahia, tudo ficou apenas em palavras.

Foi preciso esperar o século XIX para que alguma coisa começasse a mudar na opinião pública sobre a escravidão. A partir de 1870, o pensamento antiescravista começa a atingir um público maior. Formam-se clubes e sociedades abolicionistas, os homens públicos tomam partido abertamente contra a escravidão. Mesmo assim, ainda se julgava que a libertação dos escravos deveria ser feita de modo lento e gradativo.

De fato, foi assim que aconteceu. Em 1871, a Lei do Ventre Livre declarou livres os filhos de escravos nascidos a partir daquele ano. Em 1885, a Lei dos Sexagenários libertou os escravos que tivessem mais de sessenta anos. Por último, em 1888 a Lei Áurea aboliu definitivamente a escravatura – exatamente 99 anos depois que os franceses anunciaram ao mundo que "os homens nascem livres e permanecem iguais em direitos". Longa luta, que na verdade ainda não está ganha. No Brasil e no mundo, o preconceito racial continua a limitar as alternativas de trabalho, educação e integração social das populações negras.

Conclusão

As ideias e a história

Quando falamos em "revolução das Luzes", referimo-nos a um fenômeno cultural específico ocorrido na Europa, sobretudo na França, que depois se espalhou para outras partes do mundo, cuja característica mais notável era a afirmação de que as ideias podem interferir no destino dos homens e transformar o rumo da história. É nesse sentido que Voltaire dizia, a respeito de seu tempo, que "uma grande revolução se prepara nos espíritos". Os iluministas acreditavam que sua grande tarefa era exatamente trabalhar para uma transformação espiritual dos homens, influindo sobre suas ideias e opiniões, esclarecendo-os sobre seus direitos, desmistificando as ilusões que os enganavam. Desse modo, estariam colaborando na construção de um futuro mais feliz para a humanidade.

Outro traço importante do Iluminismo, estreitamente ligado ao anterior, é a crença de que a razão humana, libertada da ignorância e do preconceito, é o instrumento de que os homens dispõem para construir uma sociedade mais feliz. É ela que, além de revelar a verdade sobre a natureza humana, estabelece os valores universais a partir dos quais devem os homens organizar sua vida. Se os povos até então se preocuparam em alcançar a felicidade no céu inspirando-se nos dogmas impostos pela Igreja, era hora de procurar criar a felicidade na terra, inspirados nos conhecimentos que podem alcançar com a razão natural.

Há quem diga, hoje em dia, que essa crença na força das ideias é uma ilusão ingênua. Há também quem critique o Iluminismo, dizendo que todas aquelas promessas de um mundo melhor a ser conquistado pelos progressos da razão não se realizaram. Que, ao contrário, nosso mundo contemporâneo é cada vez mais absurdo e irracional. Mas, se refletirmos bem, veremos que a queixa pelas promessas não realizadas e a constatação da irracionalidade de nosso mundo não anulam a importância dos pensadores iluministas. Foram eles que nos alertaram para o fato de que cabia aos próprios homens construir sua vida, tomar nas mãos seu destino e organizar as sociedades à luz dos valores universais estabelecidos pela razão. Ensinaram-nos que os males dos quais sofremos não são nenhum castigo por algum pecado, nem resultado da ação de forças obscuras, muito menos efeito da influência dos astros ou de espíritos desconhecidos. Procuraram demonstrar que, se há povos oprimidos, é porque ainda não conheceram seus verdadeiros direitos, ou não tiveram força para fazê-los valer. Enfim, afirmaram que o futuro é um tempo aberto diante dos homens, para ser construído pelas próprias forças humanas. Depende de nós mesmos criar as condições para que os valores da liberdade e da igualdade, estabelecidos como valores universais, possam ser o critério para a instituição de sociedades justas.

O legado do Iluminismo tanto do ponto de vista da cultura quanto do ponto de vista jurídico-político, é inquestionável. As lutas contemporâneas pelos direitos humanos, a crítica aos governos totalitários, a indignação que causam entre nós os regimes de segregação racial, a exigência reconhecida por todos de escolas públicas e leigas acessíveis a toda a população, a batalha pela liberdade de opinião – todas essas bandeiras foram levantadas pelo movimento da Ilustração, que se irradiou para o mundo inteiro.

A partir do século XIX, até nossos dias, os movimentos de libertação fizeram sempre referências ao movimento de libertação do século XVIII, à Declaração dos Direitos do Homem e do Cidadão, às conquistas do direito de voto, à liberdade de imprensa, à liberdade religiosa, à não discriminação racial e a tantos direitos que hoje são pontos de honra para a grande maioria dos povos.

Bibliografia

Obras sobre o Século das Luzes

CASSIRER, E. *A filosofia das Luzes*. Campinas, Edunicamp, 1994.
DARNTON, R. *Boemia literária e revolução*. São Paulo, Companhia das Letras, 1987.
NASCIMENTO, Milton Meira. *Opinião pública e revolução*. São Paulo, Edusp/Nova Stela, 1989.
SALINAS FORTES, L. R. *O bom selvagem*. São Paulo, FTD, 1989.
_____. *O Iluminismo e os reis filósofos*. São Paulo. Brasiliense, 1981
SOUZA, Maria das Graças. *Voltaire, a razão militante*. São Paulo, Moderna, 1993.

Obras dos filósofos da Ilustração

CONDORCET. *Esboço de um quadro histórico dos progressos do espírito humano*. Campinas, Edunicamp, 1994.
DIDEROT. *O sobrinho de Rameau. Diálogo entre D'Alembert e Diderot. O sonho de D'Alembert. Continuação do diálogo. Suplemento à viagem de Bougainville. Paradoxo sobre o comediante. Dos autores e dos críticos*. São Paulo, Abril Cultural, 1973. Os Pensadores.
DIDEROT & D'ALEMBERT. Enciclopédia; discurso preliminar e outros textos. SãoPaulo, Edunesp, 1989.
ROUSSEAU, J.-J. *A nova Heloísa*. Campinas, Edunicamp, 1994.
_____. *Devaneios do caminhante solitário*. Brasília/São Paulo. Ed. Universidade de Brasília/Hucitec. 1986.
_____. *Do contrato social. Ensaio sobre a origem das línguas. Discurso sobre as ciências e as artes. Discurso sobre a origem e os fundamentos da desigualdade entre os homens*. São Paulo, Abril Cultural, 1973. Os Pensadores.
_____. *Emile e Sophie ou os solitários*. Florianópolis, Paraula, 1994.
_____. *O Emílio*. São Paulo, Difel, 1973.
VOLTAIRE. *Cartas inglesas. Tratado de metafísica. Dicionário filosófico. O filósofo ignorante*. São Paulo, Abril Cultural, 1973. Os Pensadores.

_____. *Tratado sobre a tolerância*. São Paulo, Martins Fontes, 1993.

Obras sobre as Luzes no Brasil

COGGIOLA, O., org. *A revolução francesa e seu impacto na América Latina*. Simpósio Internacional, São Paulo, Edusp/Nova Stela, 1990.
DIAS TAVARES, L. H. *História da sedição intentada na Bahia em 1798*. São Paulo, Pioneira, 1975.
FRIEIRO, E. *O diabo na livraria do cônego*. São Paulo. Itatiaia, Edusp, 1981.
GOMES MACHADO, Lourival. *O Tratado do direito natural de Tomás Antônio Gonzaga*. Rio de Janeiro, Ministério da Educação, 1953.
MATOSO, Kátia de Queirós. *Presença francesa no movimento democrático baiano*. Salvador, Itapuã, 1969.